公路绿化与施工质量管理

Gonglu Lü hua Yu Shigong Zhiliang Guanli

周洪文　余正武　周本涛／编著

内 容 提 要

本书按照现行的公路规范、标准,系统地、简明扼要地论述了公路绿化意义、施工技术和质量管理方法,以满足公路施工的需要。

本书可供从事公路建设管理、绿化施工、监理人员参考实用。

前言

为了实现公路建设可持续发展，建设与环境保护必须桴鼓相应。2004年9月，交通部（现交通运输部）在总结全国示范性公路建设经验时，正式提出现代公路建设的新理念，并将公路植物防护、绿化美化，营造优美的公路环境，列为现代公路建设的重要任务，要求公路建设者树立人与自然相和谐理念，树立尊重自然和保护环境的理念。河南省交通主管部门遵循这一新理念，坚持以科学发展观为指针，正在开展“畅、洁、绿、美、安”为一体的文明路活动，以适应未来公路事业的发展。

河南省各地的公路建设部门，积极参加文明公路创建活动，为使新建的公路一竣工就能达到文明示范公路的标准，在总结十几年的公路绿化施工经验的基础上，积极学习和吸取示范公路先进经验，遵照现行的公路绿化施工和验收规范，结合河南公路建设实践，按照公路绿化工程施工需要，采取删繁就简的原则，编写此书，以提高施工人员环保意识，明确公路环境建设的任务，掌握公路绿化施工方法，规范施工操作，提高公路绿化工程施工质量。同时，也以此与同行们进行经验交流，为文明公路创建活动贡献微薄之力。

书中所述内容，包括公路绿化意义，公路绿化范围和要求，绿化施工技术及施工质量管理方法。本书在编写过程中得到河南高速公路发展有限责任公司的领导和相关部门的大力支持,在此一并表示衷心感谢。鉴于笔者水平所限,书中如有错误之处,诚挚地欢迎广大读者匡谬;若有不妥和罅漏之处,渴望提出宝贵意见,补偏救弊,使之日臻完善和不断提高。

编　者

2008 年 7 月

目　　录

1 概述

随着人类活动的深化,人类也加剧了对自然的破坏,于是环境保护问题已引起了世界范围内的广泛关注。公路建设是人类活动中的重要场所。公路无疑地给社会经济发展做出重大贡献,同时,也使自然环境遭到很大破坏,修建公路不仅要占用耕地,而且还会破坏山体,影响地面径流和地下水系,并不时地还引发许许多多的地质病害。可见,要使公路建设实现可持续发展,必须走与自然相和谐的道路。

根据媒体报道显示,到 2007 年 12 月底,我国公路里程已达 357.3 万公里,其中高速公路达到 5.39 万公里,遍及神州大地,按照国民经济发展需要,公路建设事业可谓方兴未艾。可见,公路绿化在国土绿化中占有重要地位,成为公路建设中不可缺少的重要任务。

为保护公路生态环境,早在 20 世纪 80 年代起,国家相继颁布了环境保护(试行)办法、环境保护法,要求在工程建设上实施"三同时"原则,即环境保护与主体工程"同时设计、同时施工、同时投产"[1](图 1-1),2003 年,国家再次重申的"三同时"原则,已成为公路建设必须遵循的方针。

历史进入 21 世纪,交通部总结公路建设经验,正式提出现代公路建设新理念,将公路采取植物防护,进行环境保护,营造优美的公路环境,列为现代公路建设新理念的重要内容,要求公路建设

[1] 1979 年 9 月 13 日全国人大常务会议通过的中华人民共和国环境保护法(试行)和 1988 年 12 月通过的《中华人民共和国环境保护法》均对工程建设上"三同时"做出了规定。

者,树立人与自然相和谐,树立尊重自然和保护环境的理念。

图 1-1　路即将完工,边坡已郁郁葱葱,路与植被恢复同时完工实例

众所周知,公路依附大地,将各地中心城市、乡镇、村庄联结一起,因此,公路建设对自然环境影响是不可避免的,公路环境保护应当从以下几个方面理解:

(1)公路建设应尽可能地减少对自然的破坏,即为最小破坏理念。

(2)对不可避免地对自然环境造成的破坏,尽快地、尽可能地采取措施,最大限度恢复生态环境,最大限度地减少水土流失。

这里所指的生态环境,应当包括,恢复被破坏的植被,尽量减少对沿线水、空气、声、农作物影响,恢复或疏导地面径流和地下水系,以保证沿线居民必须的生活环境不受影响,或者说使影响控制在允许范围内,同时,还应充分考虑野生动物生存环境和迁徙路径。

(3)营造路域内优美的人工环境,实现"人在车中坐,车在画中行"优美的人工环境(图 1-2)。

综上所述,环境保护问题,就是利用环境科学的理论与方法,协调人类和环境的关系。对于公路而言,环境保护内容包括:在规划设计阶段,使所选定的线路,尽可能避让和减少对自然环境的损坏;在施工阶段,控制施工噪声和粉尘、烟雾污染、减少水土流失,采取“三同时”原则恢复被损害的植被;在运营阶段,控制汽车尾气排放,降低交通噪声,减少给环境带来的负面影响等。

图 1-2 路域优美的人工环境

本书所研究的问题,是在公路建设方案已确定的条件下,遵照“三同时”原则,采取怎样的方法和措施,恢复被破坏的生态环境,对公路进行有效地植物防护,营造优美的公路人工环境。

2　公路绿化范围

公路绿化范围,是营造优美人工公路环境的平台。但是,公路绿化平台大小,与公路等级密切相关。根据公路工程技术标准的规定,我国公路等级划分为五个等级:高速公路、一级公路、二级公路、三级公路、四级公路,还有等外公路。其中,高速公路和一级公路又统称为高等级公路,二级以下公路称为一般公路;除此而外,广泛联系农村、乡镇的公路,称为农村公路。因此,相应的公路绿化也分为高等级公路绿化和一般公路绿化(图2-1)。

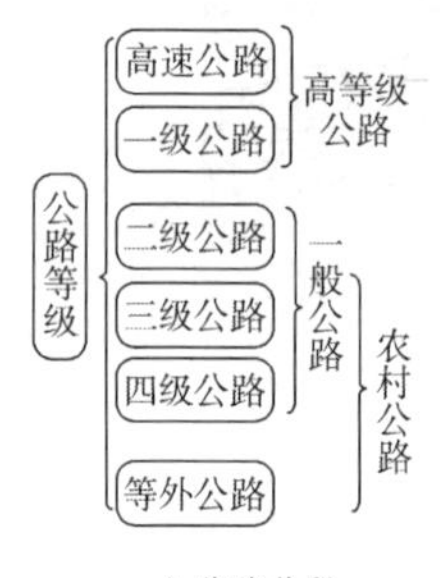

a)公路分段

b)高速路绿化概念效果示意图

图2-1　公路等级

2.1　一般公路绿化范围

一般公路绿化范围是:公路两侧用地、道班房周围和公路隔离带、防护带、交通岛、广场、桥涵、隧道、立体交叉的上下边坡及公路服务设施等场地的绿化。除此之外,绿化工作还包括育苗、栽种、抚育、管理采伐更新及宣传绿化政策等。在等级以外的农村公路,除建设宽阔的大道外,亦同样进行绿化美化,使农村面貌焕然一新(图2-2)。

2.2 高等级公路绿化范围

高等级公路绿化,除去包括一般公路的绿化范围外,还包括服务区及立交桥等区域的绿化。对于高速公路而言,在其征地范围之内的可绿化场地,均属于高速公路绿化的范围。按其不同特点,高速公路绿化范围又可细分为以下几部分:

图2-2 农村公路的路侧已栽植上修剪整齐的灌木

(1)公路沿线附属设施(服务区、停车区、管理所、养护工区、收费站、观景台、加水站等);

(2)互通立交区;

(3)公路边坡及路侧隔离栅以内区域,含边坡、土路肩、护坡道、隔离栅、隔离栅内侧绿带;

(4)中央分隔带;

(5)特殊路段的绿化防护带,例如:防噪降噪林带、污染气体超标防护林带、戈壁沙漠区公路防护林等;

(6)取弃土场等绿化。

3 公路绿化基本原则

对公路进行植物防护和绿化,一般应结合具体工程,应达到以下几个目的:

(1)边坡植物物种选择,应优先乡土植物,并能让边坡尽快绿起来,其他处于次要地位。

(2)边坡绿化最好与周围自然植被协调一致,使公路融入自然。

(3)边坡绿化应讲究美的景观和地域特色,为营造优美的公路人工环境创造条件。

3.1 绿化遵循的原则

为使公路植物防护和绿化达到以上几个目的,因此,在对公路绿化方案选择时,采取近期效果(通车时)与远期效果(通车2~5年后)、“恢复自然”与“特色美化”、“特色美化”与“有限投资”相结合方法,使其在有限的条件下,努力实现“四季常绿、四时花开、自然和谐、特色鲜明”。因此,公路植物防护和绿化美化应遵循以下基本原则:

1)生态效益最大化原则

无论公路是属于何等级,在进行植物防护时,应当采取生态效益最大化原则,换句话说,植物防护和绿化应以公路功能和服务最优化密切结合起来。生态效益最大化原则,具体表现在以下几个方面来:

(1)交通安全第一

当今,出行时安全已是人们的第一需要,也就是从植物防护工程上,具体体现以人为本的理念。植物防护和绿化美化,首要应从安全考虑出发,努力减轻驾驶人员视觉疲劳,避免遮挡视线。

在平原路堤路段,栽植高大乔木品种,必须与行车线保持一定距离,形成对车辆诱导作用,如图 1-2 所示。对路堑路段边坡进行植物防护中,在边坡第一台台阶上,不能栽种高大乔木,以防遮挡驾驶员人员的视线,影响车辆安全行驶。

图 3-1 是一段路堑边坡植物防护和绿化效果图示,其下边坡种植的草和矮小的灌木,上边坡栽植的稍高的灌木,均不影响行车视线,同时保护了边坡的稳定性,美化了路容。

图 3-1　边坡植物防护和绿化效果

图 3-2 系半填半挖路段工程实例,在弯道内侧栽植的树木,虽然没有侵入行车道空间,但是,恰恰位于弯道处,显然遮挡了车辆前行的视线,不利于车辆安全行驶。

图 3-2　弯道内侧树木遮挡了视线

综上所述,公路绿化首先应突出植物对车辆安全行驶的诱导作用。

(2)生态安全和防止水土流失

确保边坡地质稳定,防止发生边坡发生跌落物,这是公路植物防护的第二大原则。

①所谓生态安全,就是在进行植物防护中,选择物种时应当防止外来物种入侵,保证自然保护区物种多样性不受到破坏,尽可能采用乡土植物品种。关于物种外来侵袭,这方面的教训不少,在此不一一列举。

②在防止物种外来侵袭的前提下,要特别注意选用根系发达、能迅速绿化并覆盖的植物品种,以最大限度保护水土不被流失。

图3-3是一段路堑边坡,栽种了根系发达的宿根植物,既绿化了路堑边坡,又有效地防止水土流失,可谓一举两得。

图3-3 根系发达宿根植物

(3)顺向演替,兼顾近、中和远期的绿化效果

公路绿化施工后,要能保持植被总初级生物量的持续增长,又要实现植物顺向演替发展。因此,需要合理选择植物品种及植物配比方案,尽可能构建层次较丰富的复合型植物群落,兼顾边坡绿化的近期、中期和远期效果。

(4)景观美化,营造优美的公路人工环境

公路植物防护方案,应给予驾乘人员生态美、艺术美的感受。根据当地气候特征,尽可能做到四季常绿,步移景异,以及与周围植被景观协调一致等。图 3-4 是高速公路中央分隔带绿化实例。它采用高低不同的两种植物,高的为小乔木,低的是能绽放出烂漫鲜花的灌木丛,乃为绿化和美化的范例。

图 3-4 高速公路中分带绿化

(5)充分运用地域或人文特征,展示当地风土人情

通过对公路植物防护,应充分使用植物景观,让乘客感受当地的地域性或民族性的独特自然条件及文化氛围。例如,选用当地特有地域性植物,通过少数民族地区民族植物,选择某一民族文化标志进行植物造景或小品雕塑。

图 3-5 是路侧绿化和铭石和谐配置的工程实例,既能加深过往旅客印记,又起到画龙点睛的作用,也让驾驶员了解自己行驶到的地理位置。

上述植物防护措施的中心意义是:通过植物品种的选择搭配,

生境条件的改良,以及植物群落的构建和演替,最终达到上述系统功能与服务的整体最优化目标。

图3-5　路基分离处,放置铭石实例

上述5项措施按其重要性,应当是从(1)至(5)依次排列,当受到生境条件及工程实施条件限制时,优先满足最基础的功能。

2)生境可容性原则

公路是一条狭长的地域,沿线气候土壤条件随着里程不断发生变化。因此,在进行植物防护时,必须在土壤、气候等环境条件可容性的限制范围内,优化生态系统功能与服务功能;应在经济条件允许的范围,尽可能地改善边坡立地条件,扩大生境可容性范围。

3)工程可实施性原则

通常所说的是经济实用原则,具体到边坡植物品种选择时,则要求所选植物种子易于采集、施工便捷、易于成活和养护、材料成本低。

3.2 高速公路各部位绿化功能

按照各部位绿化的形式与功能不同,高速公路绿化工程部位可划分为8大组成部分,对所要绿化的部位应实现以下功能:

1)中央分隔带

绿化的主要功能是防眩绿化,同时也起到诱导车辆安全行驶的功能。

2)公路两侧及路域绿化功能

公路两侧绿化应实现的功能:一是维护边坡稳定和诱导车辆安全行驶;二是实现与自然和谐共融。

(1)对路堤和路堑边绿化,一是起到防护作用,同时也营造了优美的公路人工环境,构筑成人工绿色走廊。

(2)对路侧绿化,特别是公路经过平原地区,其作用:一是诱导车辆安全行驶,二是形成公路优美人工环境。

(3)公路取弃土场及临时用地,在公路建设中是对自然的损害,往往是难以避免。因此,伴随着局部或全部工程完工,应当按照原来的功能,及时恢复植被,防止发生水土流失:属于耕地,恢复农田,同时进行绿化、美化。

(4)刺篱植物封闭绿化,系指排水沟至护网内的绿化,兼顾美化和安全功能。

图3-6是利用攀缘植物进行绿化的工程实例。图3-6a)是在路堑岩石陡坡下种植的攀缘植物,用植物枝叶将裸露的岩石遮盖的严严实实,路好似从绿色走廊中穿越而过。图3-6b)是在桥梁锥形护坡脚下种植攀植物,使桥梁好似矗立在绿色环境中,更显的格外壮丽。该实例绿化的目的,使公路和桥梁融入自然,实现路与自然和谐的目的。

3)立交区景观再造绿化

立交区立交区广场、匝道三角区和边坡。这些部位是整条公路的绿化节点,展示全路的绿化美化水平。

4)服务区、收费站环境绿化

包括服务区、收费站、管理中心等处的绿化,重点体现以人为本的理念。

a)岩石边坡下种植的爬山虎植物

b)桥下护坡下种植的茎蔓植物

图3-6　岩石陡坡绿化

4　植物对公路防护功能

公路通过植物防护,以实现与自然和谐共赢的理念;反过来说,植物对公路又起保护作用,其所起的保护作用表现在以下几个方面:

4.1　植物对边坡的防护作用

公路绿化的目的,应体现对公路安全的防护作用,这既具体体现生态效益最大化的原则,又达到维护车辆安全行驶的目的,因此,在对植物物种选用上,应考虑以下几点:

(1)用于公路防护植物的根系,在生长过程中能够穿过坡体浅层的松散风化层,锚固到深处较稳定的岩土层上,类似“预应力锚杆”作用。禾草、豆科植物和小灌木,可对地下0.75~1.5m深处有明显加强作用;乔木根系的锚固作用可影响到地下更深的岩土层。

(2)植草根系在土中盘根错节,使边坡土体成为土与草根的复合材料。草根可视为带预应力的三维加筋材料,使土体强度提高。

(3)植物可截留降雨,削弱溅蚀,涵养水源,减少水土流失。通过吸收和蒸发坡体内水分,降低土体的孔隙水压力,提高土体的抗剪强度,有利于边坡坡体的稳定(图4-1)。

图4-1　植物与截水沟配合,维护边坡稳定

4.2　植物对环境保护作用

在公路沿线栽植或种植行道树、防护林带,对沿线生态起到以下保护作用。

(1)地面环境上的噪声,有70%～80%来自地面交通,如果加大公路绿化带宽度,合理配置植物,可以有效降低噪声。据有关资料显示,20m宽的草坪,可减少噪声2dB;绿化良好的公路比无绿化的可降低噪声8～10dB。

图4-2是一条乡村道路上的绿化实例。路侧树木栽植有序,高低相互搭配,对路边的居民或农户可以有效地降低噪声影响。

图4-2　乡村道路上路侧高低有序的树灌

(2)公路植树路绿化带,对调节道路附近温度、湿度、降低风速、阻挡风雪都有显著的作用。

例如:当中午一般地表温度为32℃时,混凝土路面温度可达为46℃,沥青路面温度为49℃,而在树荫下的路面温度,要比阳光直射时低11℃左右。

在炎热的夏天,当水泥混凝土表面温度高达38℃时,而草坪面温度可保持在24℃,太阳照射到地面的热量约50%被草坪草蒸腾所吸收。

夏季,草坪地表温度比裸露地面约低8℃左右,高温时数可缩短2～3h;冬季温度则高1～4℃。

(3)公路上污染的粉尘、飘尘和汽车尾气的烟尘等,灌木和乔木可以将其截留在绿带之中和绿带附近,即使在树木落叶后,其枝干、树皮也能滞留粉尘。草坪作用也更为显著,地被植物的茎叶也能吸附粉尘,防止二次扬尘。同时,沿线植物还能吸收大气中的NH_3、H_2S、SO_2、NO、HF、Cl_2和Hg、Pb蒸气等,能吸收大气中的金属和非金属粉尘,达到净化大气的作用。根据北京市环境保护研究所于1975～1976年测定的数据显示:在3～4级风力下,裸地空气中的粉尘浓度约为有草坪地粉尘浓度的13倍。

4.3 公路防护植物安全功能

在车行道之间、人行道与车行道之间、广场及停车进行绿化，栽植植物可起到引导、控制人流和车流作用，阻止车辆快速行驶，起到行车安全等功能。

在交通岛、中导向岛、立体交叉绿岛等处，栽植上常用树木可成为诱导视线标志。图4-3在主路与支线交叉处，栽植上常青绿树，在这里指引着车辆驶向支路的方向。

公路沿线栽植，特别大的乔木，将一元化空间一分为二，对空间起到分隔作用。栽植的连续的灌木丛，勾画出公路轮廓，使驾乘人员产生距离感，强化道路的连续性和方向性，有利于车辆安全行驶(图4-4)。

图4-3 立交处栽植的导向功能

图4-4 弯道上栽植的乔木，对车辆起到明显的导向作用

4.4 植物的景观功能

公路所在当地，一般植物种类繁多，在自然界里，可以勾画出绚丽多彩的图画。在对公路进行植物防护和绿化时，如果布局得体能使单调的公路线形变得丰富多彩，创造出许多优美的景观(图4-5)，能使裸露的挖方路堑岩石边坡披上绿装，能显著地降低新建公路周围环境景观负面影响。

图 4-5　利用不同品种的花卉灌木，配置的路堑边坡绿化效果图

4.5　增收副产品

前已所述，全国的公路已有 357.3 万公里，沿线如能栽植上树木，其植树数量是可观的，因此说，公路绿化是国家总体绿化的重要组成部分。公路树木可以提供大量木材，常见的毛白杨可用作制造人工纤维、三合板等。公路绿化植物还可以提供工业原料和其他多种副产品，如香樟、乌桕、核桃、橄榄、油茶、油桐等种子可以榨油；杨槐、香樟、含笑、夜丁香、玫瑰、瑞香等提供香精原料；银杏、柿、枣、梨、枇杷、桔、葡萄、苹果等果子可以供食用及制酒、制果酱、制罐头等；白榆、白杨、青桐、芦苇、竹类等可以提供造纸原料、紫穗槐、白蜡等可以编筐；国槐、栾树、核桃树提供工业染料原料；绝大多数树木的根、叶、花、果、种子、树皮等可入药。

5 公路绿化方法

简单地说,公路绿化是在满足公路安全运营的条件下,利用种植乔、木、草、花等手段,合理地覆盖公路用地范围内的路基边坡、中央分隔带、取弃土场、立交互通区、服务区、管理中心、道班房等公路土地。公路绿化特点贯穿于公路建设的全过程,从规划设计、施工和运营管理,最终成为公路永久性的组成部分。

从上述的意义可知悉,公路绿化不完全与城市园林绿化、荒山绿化以及森林营造苟同。公路绿化不是为绿化而绿化,而是在满足公路使用功能的前提下,实现公路生态效应,营造优美的公路人工绿化环境。

5.1 公路植物栽植方法

在对公路进行植物防护和绿化时,人们应当采取尊重自然、效仿自然方法,实现公路与自然和谐的理念。为达到该目的,所采取手法大致归纳为自然式手法、乡土化手法、保护性手法、恢复性手法等。

(1)自然式手法

所谓自然式手法,就是根据地形的起伏,自然而然地布局植物群落。换句话说,运用生态的原理和技术,借鉴地域植物群落的种类组成、结构特性和演替规律,以植物群落为绿化基本单元,科学而艺术地再现地带性群落特征。它是顺应自然规律,利用修复技术,构建层次多、结构复杂和功能多样的植物群落,提高自我维持、更新和发展能力,增强系统的稳定性和抗逆性,实现人工的低度管理绿化方式。

图5-1所示的公路在山谷蜿蜒,两侧边坡绿化,随地形地势恢复原有植被,公路自然而然的融入自然。

图5-1　自然式公路绿化实例

(2)乡土化手法

乡土化化手法是根据当地的植被状况,使植物防护和绿化符合当地的自然条件,反映当地的自然特色,使公路融于自然。主要表现:

在植物选择上,遵循“乡土树种为主”、“适地适树”的原则。绿化树种的选择,不仅是绿化施工成败的关键,而且选择和引种不当,还可能会对原有自然生态系统产生“灾难性”的影响。据有关资料显示,入侵我国东北、华北、华东、华中的豚草,入侵西南地区的紫茎泽兰和飞机草,入侵广东的薇甘菊,在我国华东、华中、华南、西南地区作为饲料引进的空心莲子草与水葫芦,沿海省区引进的大米草等都肆意蔓延,对本地生物多样性和农业生产造成了巨大威胁,已经到了难以控制的程度。

图5-2所示的公路边坡,完全采用当地乡土植物野菊花进行了绿化,随着公路主体工程完工,粉红色的小鲜花随即开满边坡,路容被装扮的十分艳丽。

图 5-2 路侧边坡种植乡土植物——野菊花

(3)保护性手法

保护设计是指对公路路域内的生态因子和生态关系,进行科学的研究分析,通过合理布局,减少公路建设对自然的破坏,以保护现状良好的生态系统。例如:当高速公路通过植被良好的林区,应当树立"不破坏就是最大的保护"的理念,除非迫不得已。任何后天人为的绿化方式,也无法与自然植被景观相媲美。所以,应强调对原有植被的保护与利用,非移走不可的树木、植被,应先集中假植,然后回栽到与其原生境条件相似的地方。

同时,对于有历史及景观价值的,采取恢复技术的做法:首先,对所在地的地质条件、气候、水文及原植被等诸多因素进行全面的调查,提出模拟原有植被类型,合理地配入当地的乔木及灌木植物种子,目的就是恢复原有的植被类型。依照这种设计方案,所形成的边坡植被类型,能较快地与原有植被融合,而不会使原有植被系统失去免疫力。

名树木、文物古迹等更应该妥善保护,合理利用。隧道的进出口,对环境影响最大,要采用零开挖洞口,淡化洞口处理,而不应开挖后强调人工化的洞门结构形式。

(4)恢复性手法

恢复性设计是指:在公路景观绿化设计中,运用多种科技手段来恢复已遭破坏的生态环境。对于建设中形成的大量边坡,以往传统的做法,采取种植单一种类草皮固结护坡减少水土流失。表面看似整洁优美,但不符合内在的自然规律,经过一段时间后,种植草皮逐步枯黄消失、重露边坡,就是被当地野生植物吞噬殆尽。

(5)引入园林绿化艺术,营造优美的人工环境

进行公路防护时,在实现公路功能前提下,应充分运用植物自然特征,结合当地地域和风土人情,营造出优美的人工环境,展示出时代的风貌。公路景观设计的基本思路是:将成熟的园林艺术引入到公路植物景观设计中去。在高速公路上停车站、服务区、收费站、观景台等,可以直接借鉴园林艺术,展示公路沿线各类设施的美,这些地方都是营造美好的公路景观合适的舞台。园林中艺术表现手法非常丰富,如何进行移植,需要具体公路、具体的地域、具体的人文特征,进行反复研究。

5.2 示范公路可贵经验

(1)川九示范路的经验:“露、透、封、透、诱”手法,突出自然景观

川九公路是一条旅游公路,在进行公路绿化时,充分使用栽植的植物,将沿线的优美的风光显露出来,给过往游客饱尝瞬时的美丽风光。对于不雅观的岩体、或有碍观赏物,通过种植高大树木遮挡起来,对难以遮挡住的有碍物,通过植物营造出一个个美景,把过往游客的眼球吸引过去。采取适当稀疏栽植,让行驶中的游客,树木的孔间,观望到远处的特殊山水美景。

(2)云南思小高速公路的经验:“融、弱、细、突”手法,展示公路沿线的美景

云南思小高速公路,同样也是一条旅游公路,它穿越热带雨

林,通过自然保护区。在公路建设的过程中,他们通过合理地绿化手段,使公路融入自然,镶嵌在茫茫的热带雨林中,对于采取支挡结构的边坡,同样采取绿化手段,进行遮挡,淡化人工痕迹。在施工过程中,通过精细施工,尽力减少对植物损坏,努力保护稀有物种,边施工边恢复被破坏的植被。对于沿线的突出景观,建造停车站、观景台,为过往旅客充分观赏大自然美景创造条件。

6　高速公路绿化

公路植物防护和绿化物种，主要分为乔木、灌木、草本植物、竹类、藤本。乔木高大、树形美观，可选为标志性植物。灌木矮小，花卉丰富、鲜艳，树身可塑性强；乔灌草相结合，合理配置，易构筑成立体景观。

这些植物好像画家的调色板，公路建设者通过植物配置，加上一些雕塑品，可以把高速公路打扮成一条美丽画廊。

图6-1是一条即将完工的高速公路。利用当地植物，再加上的合理配置，形成一条多姿多彩绚丽的绿廊。

图6-1　高速公路绿化美化实例

6.1　主路段绿化

高速公路主路绿化，包括中央分隔带和路侧绿化带。绿化的原则，第一位的应满足公路功能要求，在满足功能要求的前提下，合理配置植物物种，营造出优美的公路人工环境。

公路问世后，为了便于错车，保证车辆安全行驶，将行车道分成上、下行，于是便产生了中间带。随着公路的发展，开始演义出它的发展史，逐年在演变，再加上绿化、扩宽，不断锦上添花，因此，中间带在现代高速公路中发挥了重要作用。

中间带有整体式路基和分离式两种。对于同一条公路，前者宽度一般相对稳定，后者宽度从分离（或合并）开始宽度是逐渐变化的。中间带宽度视地形不同而不同，被分离的路基可以在同一平面上，也可以是不同高度。不过，当中间带宽度到 8 ~ 12m 以上时，可视为两条单向公路。

图 6-2 所示出的高速公路实例，其路基由整体式逐步成分离式，当其宽超过 12m 后，该分离式路基视为两条单向公路。

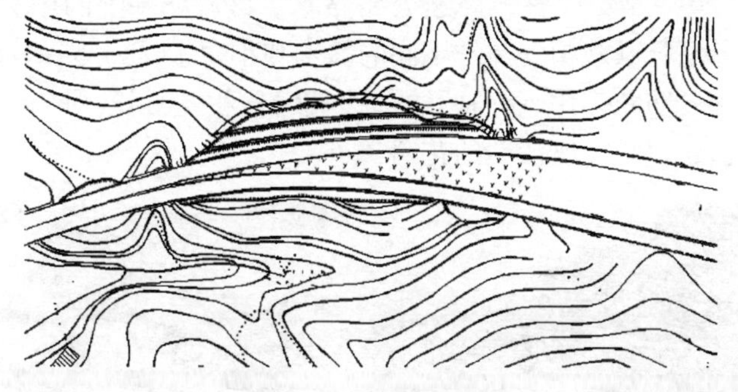

图 6-2 分离式中央分隔带

6.1.1 整体式中央分隔带绿化

整体式中间带，由两条左侧路缘带和中央分隔带组成，整体式分隔带宽度，视公路设计行车速度不同而不同；当公路宽度受到地形限制时，可以采用最小值；路绿带宽度同样与行车速度密切相关，具体要求详见表 6-1。

在中央分隔带上的绿化，不仅具有安全、诱导、降噪、防眩的功能，而且还美化路容，创造出优美的行车环境。所以，其绿化方式，可按照不同的地形，利用不同的植物，如草坪、花卉、常绿、落叶的乔、灌木，配植成高低错落、层次参差的方式，既起到防眩、诱导，保证行车安全，又增添了景色。

中间带宽度标准　　表6-1

<table>
<tr><td colspan="2">设计车速(km/h)</td><td>120</td><td>100</td><td>80</td><td>60</td><td>备　注</td></tr>
<tr><td rowspan="2">中央分隔带宽度
(m)</td><td>一般值</td><td>3.0</td><td>2.0</td><td>2.0</td><td>2.0</td><td rowspan="6">一般值：
正常情况采用值；
最小值：
条件受限制时采用值</td></tr>
<tr><td>最小值</td><td>2.0</td><td>2.0</td><td>1.0</td><td>1.0</td></tr>
<tr><td rowspan="2">左侧路缘带宽度
(m)</td><td>一般值</td><td>0.75</td><td>0.75</td><td>0.5</td><td>0.5</td></tr>
<tr><td>最小值</td><td>0.75</td><td>0.5</td><td>0.5</td><td>0.5</td></tr>
<tr><td rowspan="2">中间带宽度
(m)</td><td>一般值</td><td>4.5</td><td>3.5</td><td>3.0</td><td>3.0</td></tr>
<tr><td>最小值</td><td>3.5</td><td>3.0</td><td>2.0</td><td>2.0</td></tr>
</table>

图6-3是一段整体高速公路路基。该段路基上的中央分隔带为等宽度，其栽植上高低不同的灌木和小乔木，既分隔了对向交通，又起到防眩作用，还与两边的边坡绿化相互衬托，对于驾乘人员来说，这里是一座活动的花园。

a）整体景观

b）中分带绿化

图6-3　整体式中分带绿化实例

中央分隔带易遭到污染，土壤浅而瘠薄，无充足水分，地温、气温变化较大，植物的生长环境恶劣，因此，在中央分隔带绿化，对植物种类要求也就十分苛刻。

1）中央分隔带防眩作用

高速公路上设置上中央分隔带，其本身就将上下车道分离，避免对向车辆相互干扰。其另一项是防眩功能,通过栽种植物或设置防眩板,防止夜间对向行车彼此遭到眩光影响,以确保安全行驶。因此,在中央分隔带上栽种植物,防眩是一项重要功能,其他功能伴随着防眩功能而体现出来。对于防眩功能的要求,直线、曲线、上下坡、凹凸竖曲线路段,其防眩功能的要求各有不同。

(1)车辆灯光照射规律

一般成年人的两眼球中到中的间距为6.5cm,如果头不转动,眼睛向前凝视,眼球左右活动的界限大致为60°。随着车辆行驶速度提高,这一视界逐步缩小;或者说,越望远处看视觉范围越小,其变化规律如图6-4所示。

如果在夜间行使,汽车两个车灯照射范围,随着距离的变化而逐步缩小,其变化规律如图6-5所示。

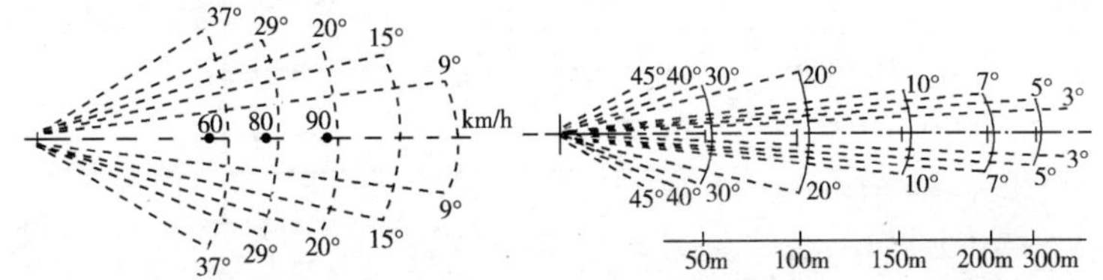

图6-4　不同行驶速度人的眼睛的视界变化　　图6-5　不同距离视觉变化规律

在这里,分析视觉在不同状态下的变化规律,有助于研究和分析中央分隔带设置宽度和栽植最小间距,以及路侧行道树栽植问题。

(2)直线上中央分隔带绿化

在夜间,车辆在水平直线路段上行驶时,必然受到对向车头灯影响,影响车辆安全行驶,这种现象称为眩光。为了解决影响车辆安全行驶这一不利问题,需要在中央分隔带栽植树木或绿篱遮挡对面车辆的造成的眩光;或因中央分隔带较窄,不能植树遮挡眩光,例如桥梁上的路段,则需设置防眩设施解决眩光问题。如果在中央分隔带上栽植的树木为连续绿篱,需要最低高度;或栽植的树木形不成的连续绿篱，或设置防眩板，其最小间距应为多少，无论设计者还是施工或养路者，都应做到胸中有数。

假设图6-6、图6-7中，b为防眩板宽度，L为防眩板间距（栽植的树木间距），α为防眩板与中央分隔带中线旋转一个角度，β_0为防眩遮光角。当防眩板垂直中央分隔带中线时，或旋转一个α角，其相互之间关系式(6-1)、式(6-2)。

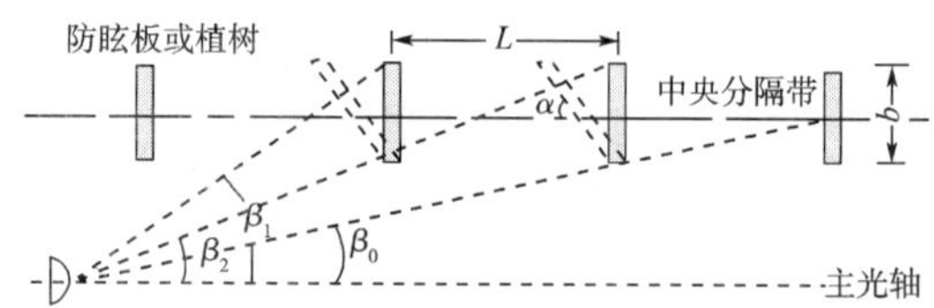

图6-6 防眩板设置原理

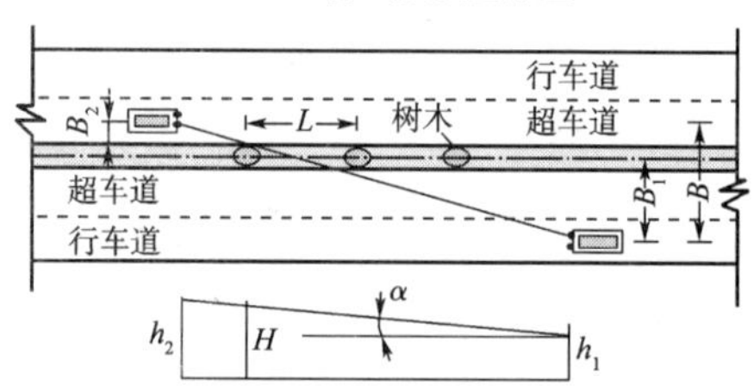

图6-7 中央分隔带树木间距布设原理

$$\beta_0 = \tan^{-1}\frac{b}{L} \tag{6-1}$$

$$\beta_0 = \tan^{-1}\left(\frac{b\sin\alpha}{L - b\cos\alpha}\right) \tag{6-2}$$

已知公路设计标准，则可知道车辆行驶灯光照射的角度，中央分隔带宽度，试算出防眩板间距，或植树间距最大距离L。据有关资料介绍和有关研究部门论证，在设计时遮光角β_0选8°为宜。

图6-6中还示出了防眩板高度，或树木栽植高度，其各元素之间的几何关系见式(6-3)、式(6-4)。

$$H = h_2 - (h_2 - h_1)\frac{B_2}{B} \tag{6-3}$$

$$H = h_1 + (h_2 - h_1)\frac{B_1}{B} \tag{3-4}$$

式中:h_1——汽车前灯高度(m),大型车为1m、小车为0.8m;

h_2——驾驶员视线高度(m)大型车为2m,小车为1.3m;

H——作为防眩设施,或作为防眩的树木高度(m):

在主道上:小汽车为1.16m,大型车为1.68m;

在超车道上:小汽车为1.09m,大型车为1.68m;

B_1、B_2——车辆距中央分隔带中心线的距离(m);$B = B_1 + B_2$。

计算表明,对于平直线上,防眩高度选定为1.6~1.7m比较妥当。

(3)当车辆位于平曲线上、凸凹竖曲线上,需对上述数值进行修正。对于小半径曲线,按式6-1修正防眩板(树木)间距,在凹形竖曲线底部,按式6-3修正防眩板(树木)高度,其参考数据见表6-2。

防眩板(树木)设计参数 表6-2

结构设计要素	一般路段	平(竖)曲线段	备 注
遮光角(°)	8	8~15	
防眩高度(cm)	160~170	120~180	
板宽(cm)	8~10	8~25	
板间距(cm)	50	50	

采取密集树木防眩时,树木高度1.2~1.4m;如果以一定间距植树,树木间距以5~6m,高1.8m。

如果中央分隔带宽度超过8~12m以上,或分离式路面高差超过2.5m时,横向距离已有足够的防眩效果,则不设置设防眩设施。

2)中央分隔带绿化原则

根据安全行驶的需要,中央分隔带绿化,应当遵循以下原则:

(1)应遵循简洁、易养护的原则,绿化形式应以整形灌木为主，根据线形走向设置长短不同的绿化标准段，采取不同植物相互相搭配，形成多样形式变化的绿化效果。

(2)为避免防眩设施单调，长距离设置防眩设施时，应当把防眩设施和植树防眩相结合，每隔5km变换一次方式，或防眩板改变颜色，或树木改变品种或种植方式。

(3)从环境保护和视觉方面出发，中央分隔带的绿化应选择对沿线环境适应能力强，生长迅速、常青的优良树种、草种。色彩以深绿浅绿色、淡黄绿色等各种不同色彩进行搭配；地表以铺草坪和植被为主，选择不同叶色、花期的地被植物分段设置，使中央分隔带的色彩有所变化，增强美化效果。

(4)为增加景观变化和防眩效果，部分路段可采用形式多样、高度错落有序的植被或绿色防眩板，特别是小半径的平曲线上，以起到分隔空间、变换过渡、衬托景物、美化环境及防眩效果。防眩遮光角，应控制在8～15°之间，防眩高度一般在150～170cm之间，因此，苗木的初值高度应大于120cm，树冠40～80cm。

3)中央分隔带绿化树种选择与栽植方式

(1)树种选择

按照中中央分隔带的景观功能要求，应当选择常绿、分枝低、枝叶茂盛、树形美观、花色鲜艳、高度1.2～1.5m，对农田无污染、适宜粗放管理，并能吸收和忍耐汽车尾气和灰尘的污染。

(2)栽植方式

植树、植草绿化，植物高度应控制在1.3～1.5m之间。中央分隔带的宽窄不同，树的栽植方式也不尽相同。

①树篱式：用植物形成连续的树篱，下层用花灌木或色叶灌木形成满铺或色块(图6-8)。

②整形式：选用同一种形式的植物，一般为常绿树种，按相同的株距排列，下层根据景观需要配以不同的灌木及地被(图6-9)。

③图案式：将灌木或绿篱修剪成几何图形，在平面和立面上适

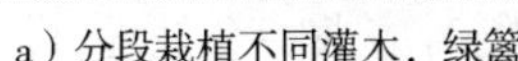

a）分段栽植不同灌木，绿篱

b）两种不同灌木纵向分列栽植

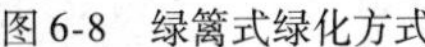

图6-8 绿篱式绿化方式

图6-9 中央分隔带整形绿化方式

当变化，可形成优美的景观绿化效果。

④平直式：当中央分隔带较窄，或在管理受限的路段时，可用植物满铺密植，并修剪成形，能抑制杂草，减少管理工作量。这种形式常见于中央分隔带的开口处。

⑤客土、盆栽法

根据中央分隔带的功能要求，当条件困难时，可采用客土、花钵（盆）和防眩板等方式。

中央分隔带土壤一般均较贫瘠，且混杂路面结构材料，有时直接种植花木很难成活，而且养护工程量大，因此，常采用盆栽、客土的方法，可以减少后期的养护工作，而且又能达到绿化、美化的目的。

采用花钵的形式，应设置封闭结构（砖砌槽子），满足树木最小根冠直径及最小土层厚度的要求，然后装入适宜植物生长的土壤，再栽植花木。

4）防眩板

在征地困难地段和桥梁、加筋土挡墙等无法进行植物绿化的地段，中央分隔带可采用防眩板的形式。

5）桥梁中央分隔带绿化

桥梁上的中央分隔带，当采用植物分隔时应做特殊处理，设计成种植池形式，上面种植植物，以保持整个道路景观的连续性，并具有比硬质防眩板更好的景观，植物选择以常绿灌木为主，并与道路中央分隔带相协调。

图6-10是在狭窄的桥梁中分带上，设置种植槽进行绿化的工程实例，图a）是种植槽底座实例，图b）桥梁中央分隔带上种植常绿灌木工程实例。

a）种植槽设置

b）连续栽植

图6-10　桥梁上中分割带绿化实例

6）隧道洞口路段绿化

隧道洞口前路段绿化，除去对洞口仰坡、左右边坡进行植物防护，以保证洞口安全外，在具体绿化时，应更多从使用功能考虑，强调选用深绿色物种，与周围环境自然协调，隧道洞口应处于绿荫怀抱中，并使洞口醒目。

在靠近隧道口15～100m处，采取从疏到密的渐变方式，配植常绿深色乔木，起到由明到暗，或出口处由暗到明的逐步过渡作用,降低驾驶员视线受光照变化引起的刺激,消除驾驶员的精神压抑感。

图6-11是一座分离式隧道绿化设计示例,洞口采取深绿色,艺术上称为冷色植物,与周围环境和谐,植物布局形成宽敞的空间,线条简洁、洞口醒目、突显,告知驾驶人员前面就要穿过隧道。

图6-11 分离式隧道洞口绿化设计实例

图6-12是一座连拱隧道洞口前的绿化工程实例。该隧道洞口前是一段路堑,在路堑边坡和洞口顶均种植与周围相同的植物进行绿化,洞前中分带采取整形栽植,体现由明逐步过渡到洞内暗光,以使驾驶员的视觉逐步产生变化。

图6-12 连拱隧道洞口前绿化实例

7)分离式路基中央分隔带景观设计

分离式路基中央分隔带,可以利用地形与乔灌草相结合方式,形成中间高、两侧低、地形有起伏、具有岛状的自然植物景观。

6.1.2 公路两侧带状绿化

公路两侧的带状绿化,是公路绿化的重要组成部分。它勾画出公路的纵向轮廓,构筑成人工绿色走廊,给过往旅客形成一种整体印象,体现公路两侧的瞬间观赏效果。

1)路侧绿化功能

路侧绿化具有以下功能:

(1)公路两侧绿化在驾驶员视觉中营造出安心"铁轨",有利于车辆安全行驶。

(2)既有防尘、隔声作用,又能协调与周围环境关系。

(3)路侧绿化负有"露、透、封、诱"的功能。露,加大树木间距,或种植灌木,给乘客以充足的视线,观看沿线美丽的自然风光,或突出一棵树木,诱导乘客视线,关注远方的特殊景物。当路边有不愉快的物体,需要植树遮挡。

2)路侧遮挡功能

(1)当遮蔽路侧有不雅物,或路侧是深沟,易使驾驶员产生恐惧感觉时,可采取种植高大乔木进行遮挡。其遮蔽原理如图6-13所示。

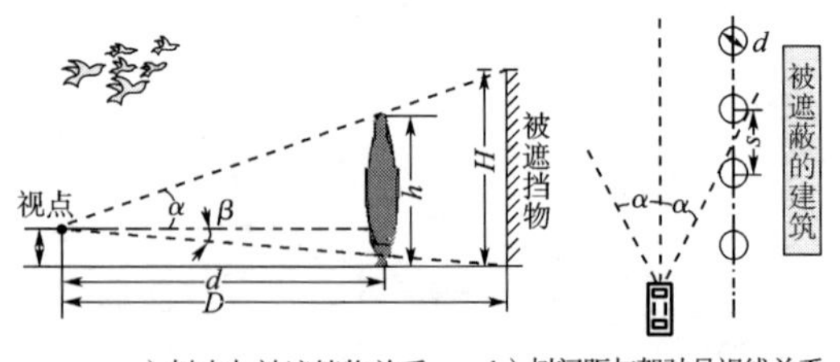

a)树木与被遮挡物关系　b)树间距与驾驶员视线关系

图6-13　路侧绿化遮蔽原理

①路侧最低需要栽植的树高

根据路侧遮蔽原理，路侧绿化树木高度和最大间距，按式6-5、式6-6计算出最低需要栽植的树高。

$$\tan\beta = \frac{e}{D} \quad \tan\alpha = \frac{H-e}{D} \tag{6-5}$$

$$h = d \cdot \tan\alpha + D \cdot \tan\beta = \frac{d}{D}(H-e) + e \tag{6-6}$$

式中：e——视线高，人员直立1.5～1.6m，小车1.1～1.2m，大客车为2.2m。

其余符号意义如图6-12所示，从式中可知，一旦e、h、D确定后，树高也就求出。

②路侧栽植的树木最小间距

a. 车辆在行驶中，只让驾驶员注视前方，需要路侧树木遮蔽住不愉快的物体。路侧树木能否达到这一目的，完全取决于树形、树冠大小和树木间距，其间的关系可用式6-7表述。

$$S = \frac{2r}{\sin\alpha} = \frac{d}{\sin\alpha} \tag{6-7}$$

式中：S——树间距；

$r = D/2$——树冠半径，其余符号见图6-12。

一般人的最清楚的视野为左右1.5°范围，但是，也能看清楚视角60°的平面内物体，超过60°就难以看清楚。所以，$2\alpha = 60°$时，$S = 2d$。因此，当S小于或等于2d时，驾驶员的侧面视线被遮蔽。

b. 当车辆正常行驶时，为了给乘客遮蔽住路边不雅物，或路侧深沟，需要使处于行车中的旅客视线中相邻路侧树木连成一体，此时的现象称为临界融合一体状态。

假设路侧两树木间距为W，车辆驶过W需要的速度和时间分别为v和t，则$W = v \cdot t$。

试验表明，人辨认风景的时间要 0. 2s，景物出现的时间为 0. 03s，合计 0. 23s。也就是说，如果车辆时速为 60km，当 t = 0. 23s，乘客的视线没有足够的时间辨认两棵树木，而要看清楚需要 4s；而人们在看电视和电影时，始像时间为 5s。以此为基础，计算出两棵树木之间的距离为：

按 0. 23s 计算，遮蔽不愉快的间距为 3. 83m。按电视和电影时间为 5s 计算，能看清楚的树木间距为 83. 35m

在行车过程中，路侧树木向后回转 72°/s 角时，人的视网膜上景物便模糊不清，同时也开始眩目。因此，树木绿化位置，有时在路肩上，有时在边沟之外，树木轮廓处距离驾驶员位置最小距离（含路肩宽度）：时速为 60km 时为 5. 09m；距路面边缘为 4. 59m。

为了透露出路外优美的景物，考虑回转角不大于 72°/s，能看清楚的树木间距，注视时间为 5s，时速为 60km 时，树木间距为 24. 45m。时速为 80km 时，为 33. 95m；时速为 100km 时，为42. 5m；时速为 120km 时，为 54. 15m。

高速公路路侧栽植，随着线形变化也对其提出了不同的要求。在凹形平曲线外侧，应配合超高栽植高一些的树木，给司机以安全的感觉，反之，在两侧要低一些，不妨碍驾驶员视野。在凸竖曲线顶部两侧树木应该高一些，使驾驶员提早预示路线的走向。同样，在凹形竖曲线底部，同样树木要高一些，使驾驶员视野感到前面道路平顺。

3）与城市接壤地段的路侧绿化

与城区接壤路段的路侧绿化带，具有多方面功能，其一，可以用作居民区的防噪林，林带高度 10m 以上，宽度以 15 ~ 30m 为宜，条件具备的话，越宽越好，其降噪功能逐渐增强。

其二，作为城区部分路段的遮挡林，应遵循“佳则收之，俗则屏之”的原则，充分体现城市景观与道路景观的有机融合。绿化带的布置形式，可按从远到近、从高到低的原则，远处以反应季相变化的高大树木为背景。

6.2　边坡和取弃土坑绿化

随着高速公路伸向山区，不可避免的出现高填土路堤和深路堑路段，为保证公路的稳定，除去建设支挡结构保持坡体稳定外，更多地采用植物防护。

6.2.1　公路边坡种类

按照照路基结构，路基边坡可分为三大类，一是填方边坡，二是路堑边坡，三是半填半挖边坡。

按构成边坡的土质而言，边坡有土质边坡、土夹石边坡和石质边坡。按边坡高低不同，边坡可分为若干等级，例如：10 ~ 20m、20 ~ 30m、30 ~ 40m、40m 以上五个等级。一般边坡高度超过 40m，应属于高边坡。

按路段位置不同，按照地段不同，边坡分为重点边坡和一般性边坡。所谓重点边坡是指靠近城镇、立交、居民点路段的边坡，而远离上述地段的边坡，属于一般性边坡。

图 6-14　是靠近城市的边坡，其绿化模式和设计图案与城市特点遥相呼应。

图 6-14　重点边坡绿化示例

对于高边坡,为保持其稳定,一般隔一定高度,设一级平台以释放边坡土压力。一般设两个台阶的边坡,称为上下边坡;分为三个台阶的边坡,称为下、中、上边坡;有的高边坡可分为 4 级、5 级或更多级边坡。边坡的坡度,视其高度和土质也不同,石质边坡的坡比,一般为 1∶0.75 ~1∶1.5;土或土加石边坡为 1∶1 ~1.5。当边坡比较高时,又分为一、二、三个台阶。第一台阶坡度为1∶0.75,其余的为 1∶1;或者,一、二台阶为 1∶0.75,其余为 1∶1。

总之,不同类型的边坡,不同土质的边坡,不同高度的边坡,不同的台阶,其绿化要求和方法也不同,选用的植物品种也有区别。

对于不稳定的边坡,例如不可避免的位于滑坡上边坡,为保持边坡稳定,采取框架加固、拱形防护、锚索锚固、支挡结构等措施,先行对其进行加固,然后再进行绿化防护。不同台阶、不同的坡度,采用不同的植物,成为路域环境的组成部分,可形成一条美丽的植物画廊(图 6-15)。

图 6-15　稳定的高边坡绿化效果

6.2.2　边坡绿化原则和方法

边坡绿化的重要功能,是维护边坡的稳定性,保证公路永久安全,同时增强观赏效果,它是公路绿化能否奏效的关键,因此,在绿化工程应遵循以下原则,适时采取相应的方法:

(1)在物种选择上,边坡绿化应选择当地有大量分布的原生植物,尽可能做到"尊重自然、恢复自然",使其与周围自然植被景观相协调(图6-16)。

a)土质边坡

b)石质边坡

图6-16　与周围景观相协调实例

即使为了景观效果,或者为快速绿化效果,需要选用少数外来种补充,此外来物种需在当地有多年以上的引种历史,且已被证明不具强侵入性。

(2)根据行车安全需要,路堑第一台阶绿化应以草本及灌木为主,适当增加景观性开花植物,而不选用乔木种类。

(3)按照生态安全及生物多样性要求,尽可能构建种类多样、层次丰富的复合型植物群落,而且同一层次植物需选用两种以上植物品种,且不同种类植物的生活习性和生态习性能互相补充,如草本均采用浅根性、匍匐型的品种,以免与灌木产生竞争。

(4)为给植物群落今后演替创造条件,上边坡植物以中长期效果为主,兼顾前期绿化效果。第二台阶及以上土质及土夹石边坡,均选用2~3种竞争能力强,且在原生植被中占优势的乔木种类,为边坡群落的顺向演替架设种子桥梁。同时,控制先锋草本和先锋灌木的密度,为周边植物入侵创造条件。

(5)按照景观美化要求,同时,兼顾工程可实施性和经济性原则,在重点路段的上边坡及视线可及的坡顶、坡侧,应栽植景观效果明显的，不同花期互相搭配的植物，力求四时有花开，增强观赏效果。

6.2.3　边坡绿化方法

1)路堤边坡绿化

一般填方路基，当填土不高时，坡比通常设置为1∶1.5，在坡面上种可直接种草、植树，进行生物防护。

(1)路堤填土高度低于4m的边坡，仍采取以植物防护绿化为主，不采用大面积工程防护，只用30cm浆砌片石护肩。

(2)路堤填土高度超过4m，边坡防护采用人字格护坡进行防护，路肩采用浆砌片石，防护肋条可为C20空心混凝土砖，其肋间距为5m。然后，在人字格内种植草坪，进行坡面绿化，随施工随绿化。视情每隔一定距离设一道路面排水急流槽(图6-17)。

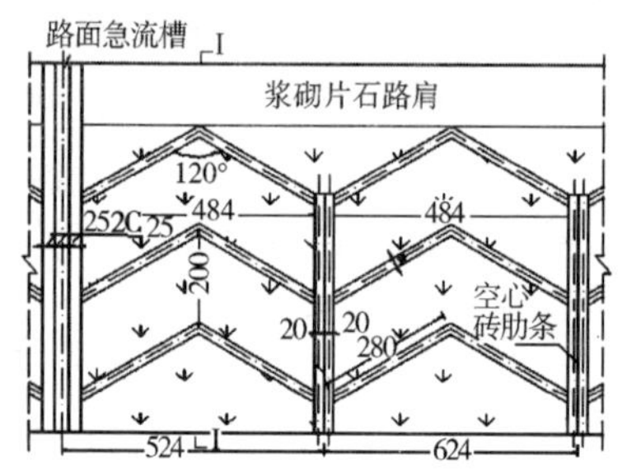

图6-17　高路堤边坡人字格护坡和植物防护实例(尺寸单位:cm)

图6-18所示的高路堤，分别采取拱形菱形或平行四边形护坡，然后在拱内或框格内植草、栽灌，对边坡进行植物防护。随着路堤完工，绿化防护也同时竣工。

2)路堑边坡防护绿化

山岭区路堑路段，其路基无论为路堑，还是半填半挖式，不可避免地对原地貌进行切割。因此，需要对边坡进行防护。

挖方路段施工时，一般采用逐级开挖成形，逐级进行工程防护。在雨季未到之前，采取点播、喷播、洒播的方式，进行植物防

a）拱形防护

b）菱形防护

图6-18 路堤采取拱形护坡防护和绿化实例

护。喷播完后采用无纺布覆盖,防止雨季冲刷。在雨季中移栽部分乔木,栽植在上边坡,形成乔灌结合,错落有致的植物群落,与周边的原生态边坡结合。

(1)挖方路堑边坡为土质边坡,当坡度高度不超过10m,而且边坡稳定,无需采取工程防护,一边开挖一边整平,一边种草或植树,或铺植草皮,进行生物防护。坡脚处设置暗埋式路基边沟,汇集坡面雨水。如图6-19所示的边坡,是一条普通公路的土质边坡,直接在其上播种或栽植上灌木丛,其长势旺盛,达到边坡绿化的目的。

(2)石质边坡绿化

对于稳定的的石质边坡,植物立地条件极差,需要铺设钢丝网和土工布,为植物立地创造条件,然后,再喷播掺有植物种子、肥料、水泥砂浆、黏结剂混合料。

图6-20是一段石质边坡,坡度比较陡且稳定,为此采用钢丝网铺设边坡坡面,并用锚杆固定。然后喷混生植土,为植物生长创造了条件。

(3)对于破碎的石质边坡,为防止碎石滑落,坡面不太稳定,或坡度陡,或坡比较高,采用浆砌片石肋形或拱形护坡,或采取现浇钢筋混凝土肋(拱)形护坡。对于不稳定的滑坡路段,采用现浇钢筋混凝土框架锚索防护,并在挖方边坡顶以外,大于或等于5m

的地方设置截水沟,截断并汇集坡面雨水,防止对边坡遭到冲刷。通过采取上述措施加固边坡后,然后在框格梁框架内,视土质情况喷播草种或栽植灌木。

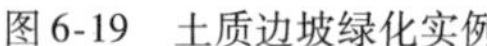

图6-19　土质边坡绿化实例

图6-20　在岩石边坡上铺设的钢丝网实例

在挖方坡高大于8~10m,一般采取浆砌片石肋并砌拱防护。有些挖方边坡不高,但坡顶有农田,为防止边坡受到污水冲蚀,在护脚砌筑排污沟(图6-21)。挖方地段的拱形护坡,在拱内种植草灌进行防护;在护坡脚处设置暗式排水沟,边坡内的积水通过预先设置的排水管,流入暗沟内排出路基之外,以保持边坡稳定。

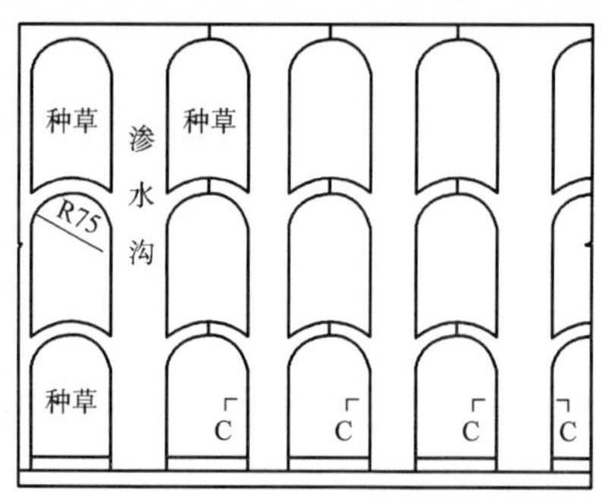

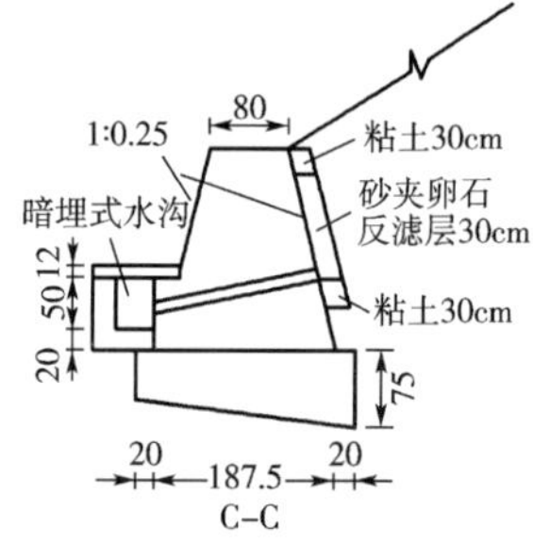

图6-21　浆砌片石护坡实例(尺寸单位:cm)

当边坡地质不令人满意时,需要加强防护,采用现浇钢筋混凝土方格或钢筋混凝土拱形护坡,在方格或拱格内种草、植树。

图6-22是采取钢筋混凝土拱形护坡防护的高边坡实例。为方便施工,也时常采用方形钢筋混凝土框格梁加固边坡。方格梁

和拱形防护结构,其防护护效果无多大差别,但是,从美观角度考虑,拱形防护要优越方格梁,但是方格梁框架便于施工。两种框格之间均采取种草防护,框格内为土质边坡,可直接喷播种植。当边坡比较陡时,可在框格梁内再铺设钢筋网,再喷播植生袋混凝土;很陡时可直接码放植生袋进行绿化(图6-23)。

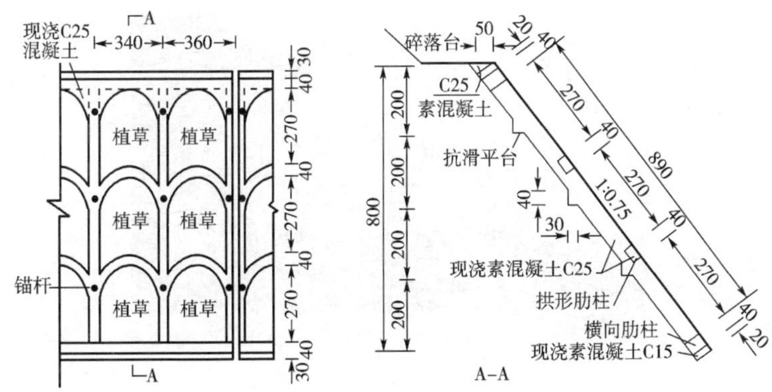

图6-22　钢筋混凝土拱形护坡实例(单位尺寸:cm)

图6-24是一段完工的高边坡防护实例。该边坡防护随坡面地形变化,上部分采用钢筋混凝土拱形护坡,下半部分采用方形钢筋混凝土防护。然后将携带种子、肥料、水泥砂浆和黏结剂的混合料,喷播在拱或方框架内护坡内,其施工速度快,且效果也比较理想。

图6-23　码放植生袋

图6-24　路堑高边坡绿化工程实例

图6-25是一段高而特陡边坡，下边坡采取锚索防护，码放植生袋进行绿化，上边坡采取锚杆加固防护，采取喷播技术进行植被恢复。修建高速公路，虽然对自然造成了破坏，总之因地制宜，采取对策恢，充分利用现代技术，积极复生态环境，努力实现人与自然和谐的理念。

图6-25　高而陡的边坡绿化

图6-26a）是一段坚固的岩石边坡，采取灵活的绿化方式，将岩石山坡开凿成台阶状石槽，填筑上客土，栽植上灌木进行绿化。

图6-26b）图岩石不十分坚固，采用在方格形护坡防护，在其方格中喷播上植生混合料，植物种子已经发芽生长、逐步茂密，淹没钢筋混凝土框格梁，让石质高边坡也披上绿装。

a）台阶式边坡绿化

b）陡坡绿分初见成效

图6-26　边坡绿化工程实例

3）滑坡路段边坡绿化

山区高速公路，有时不可避免地穿过护坡滑坡地段，根据滑坡规模、成因，目前成功的方法采用预应力锚索抗滑框架、抗滑桩加固滑坡，然后在框架内按前述方法进行绿化。为了考虑坡面美观，桩顶不宜露出地表，既可保证滑坡稳定，又能按常规进行护坡绿化。拱形格架内种植草绿化边坡，使边坡融于自然，看不出人工痕迹（图 6-27）。

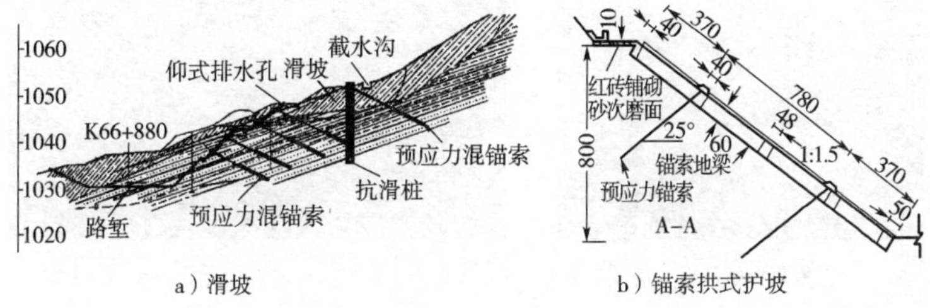

图 6-27　锚索治理滑坡和绿化（尺寸单位：cm）

总之，公路边坡防护，应首先采取生态恢复措施，使用本地灌木或杂草，实行"草灌结合、以灌代草、原生植物侵蚀、多植物杂居"的原则。在初期可仅覆盖黄土保持水土，目的在于增强自身恢复和演化的能力，靠周边原生植物逐步侵蚀，最终形成多种植物高低错落、"杂乱无章"的杂居生态空间，"淡忘"人工边坡。

6.2.4　取弃土场和公路隔离网处绿化植物的选择

取弃土场绿化功能，恢复自然植被，减少水土流失。因此，对其所进行的绿化应以防护为主，尽量降低工程造价，在植物选择时应注意以下原则：

（1）以自然式栽植为主。

（2）以植草为主，结合栽植乔灌木。

（3）草种及树种选择遵循"适地适树"的原则。

取弃土场多数远离公路行车线，且土层较厚，一旦取弃土完工后，应尽快采取植播固氮先锋灌木，种植大量的价格低廉、种苗充足、生长迅速的乔木种类，使之快速恢复被破坏的植被。在远离城乡路段，公路路域一般用隔离网与毗邻用地隔离，在隔离网附近，多采用自然式绿化方式，是乡土植物繁衍地带（图6-28）。

a）已恢复植被的弃土场　　b）隔离网处自然绿化

图6-28　取弃土场及隔离网地带绿化实例

6.3　高速公路立交绿化

高速公路互通式立交处，是全路线整体结构的节点，是高速公路标志性地段。该处一般场地最大、立地条件最好，可塑性最强，其他道路均从这里驶进驶出，左右着全路线景观设计的总体印象，是公路绿化的重点部位。

6.3.1　立交处绿化原则

立交处绿化原则应是：在满足交通功能的前提下，最大限度保护占地范围内的原有植被的自然特性，以及名胜古迹和风景等，尽量避免对生态环境的破坏，使这些自然资源得到最大限度的利用。

在上述前提下，更多引进园林绿化技术，适当选择植物种类，合理进行布局，精心选择植物色彩的搭配。既突出诱导栽植、标志性栽植和明暗过渡栽植，还要与周围环境相协调，以达到其与原有地形地貌最大限度的统一。同时，还要体现当地自然、人文景观，以适应使用者瞬间观赏视觉要求。

6.3.2 立交处绿化特征

起点处的立交多靠近城市，沿途立交为人口聚居的地方，或风景旅游区，因此，在绿化时应注重加强人文景观建设，应吸取当地文化特色，采用雕塑、标志物，并以自然环境衬托，结合绿化形式进行景观设计。其目的在于：一是体现沿线的文化风情、历史沉淀；二是丰富公路景观形式，提高公路文化品位。使之力求融入到城市整体景观，或当地居民景观中去。

(1)第一座立交处绿化，有条件时不乏营造一些园林景观，使乘客对即将驶入的公路环境产生浓厚的兴趣。

(2)沿线立交处绿化

处于沿线的、距离居民区较近的立交，其绿化应采取自然式为主，强调表现本区的自然风光，突出绿化的层次感及立体感，充分融入周围环境中。

图 6-29 所示的立交桥范围，充分利用空间植树，栽植有当地有特色的物种，树木的布设一般为三角形(或多边形)。树下喷播草坪，适当地安放铭石、小品，展示当地地方文化或风土人情。

图 6-29 靠近城镇立交区绿化实例

图 6-30 是一座靠近城市的，苜蓿叶全立交中的一叶，气势恢弘，区域里正在错落有致的乔灌木，每一叶中心处，都栽植标志当地的树种，驾驶员从远处看到标志树后，则知悉车辆行驶到该地区，指示车辆安全行驶，在每叶的立交区边缘，同时还种植上不遮

挡视线的草坪，绿化美化环境。

图 6-30　苜蓿叶全立交一叶绿化

6.3.3　立交桥区域绿化方法

在互通区的整体绿化中，应在保证交通安全的基础上，采用大气势的手法，以形成流畅、气势壮观、乔灌草相结合的整体效果，与互通立交的英姿相辉映。根据高速公路立交区域特点，在对其进行绿化时，应当建议采取以下方法进行绿化美化。

(1)对于位于平原区的立交区，应采用大色块草坪、花坛为基础的绿化方式，给人以视线开畅、绿化有大气魄的效果。

互通区里的绿地，应保持 6% 的坡度，以利于草地上排水，同时，要保证 30cm 厚的营养土。

图 6-31 是一座位于平原区域互通式立交，次路线驶离主路，由高速减为慢速，于是在立交区栽植乔灌木，视野受到限制，示意驾驶员需要慢行。在从次要路线上驶入高速公路时，采取自然式绿化手法，种植大面积的绿草，给过往游客以开阔视觉，使驾驶员能够及早获得前面路况信息，即将行驶上。

图 6-32 是一座靠近城市的立交，路基比较高，采取规则式景观设计模式，在中心绿地处树立一高高的标志物，周围用灌木、草坪栽植成一个美观大方、简洁有序、自然明朗、视野开阔的大花坛，

使人产生深刻印象。此外,还域内小块绿地,疏植一些常绿树和秋色叶树,以丰富季相变化,体现地方特色。在匝道两入口处,适当种植一些低矮的树丛、绿篱,以增强栽植导向功能。

图 6-31　平原区立交绿化实例效果

图 6-32　立交区规则式绿化方式

(2)在立交区里弯道外侧,应栽植一些高大的乔灌木作为行道树,以诱导行车方向,并使驾乘人员有一种心理安全感。弯道内侧种植低矮的花灌木,以避免视线不被遮挡。在驶出匝道路段,还应栽植一些引导树木,使可见区变窄,示意司机减速。

图 6-33 是一座位于山谷的喇叭形立交,被交叉的次要道路从主干线下穿过,左转驶入高速公路,在立交区采取园林式绿化方式,

车辆由低路段逐渐上生,驶向高速公路,视野逐步开阔,在驶离高速公路的匝道外侧,栽植上行道树,诱导车辆行驶方向。

图6-33　位于山谷中立交绿化效果示例

(3)对于位于山区

的互通区里的边坡,应以绿色草皮护坡,尽量采用嵌草处理和攀缘植物覆盖。

6.3.4　立交处绿化物种配置

立交区植物种类选择上,应选择常绿且造形优美的树种。对于靠近城市的互通立交,力求使互通立交的景观融入到城市整体景观中。

立交区里的绿岛绿化美化,应选用3~4种乔木树种做骨干,并配置形态相协调,而又有季节变化的若干种灌木组成树丛,在不同绿岛区采用不同的乔灌木树种,既可使全线绿化美化风格协调统一,同时又有所变化,产生不同的景观效果,同时,在互通立交的绿化美化中,应充分考虑以后的养护管理,如布设浇灌渠道等设施。

图6-34是云南思小高速高速公路上一座立交绿化植物配置设计实例。思小高速公路,起自思茅市(现名为普洱)中止景洪市郊小勐养,其中南岛河立交位于山谷中。

在该立交区里,被交叉公路从主路上跨而过,车辆视野开阔,容易辨别车辆行驶方向，立交区被分割的比较破碎，分成A、B、C、D。为此，选用当地大榕树和凤凰木作为标志树种，大榕树2株分别栽植在A、C区，凤凰木桩2竹分别栽植在B、D区，以展示出南岛河立交的风采。

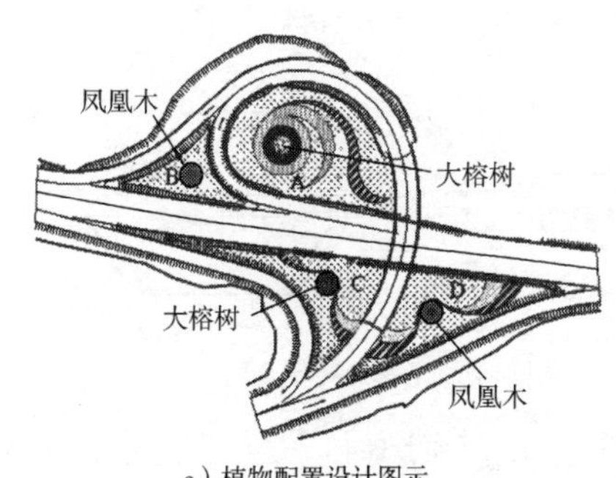

a）植物配置设计图示

b）植物配置效果图示

图6-34 高速公路立交植物配置实例

榕树终年常绿，树冠圆圆甚为美丽，作为这里的象征，从远处给驾驶员一深刻印象。

凤凰木也是当地的名树，落叶大乔木，花大深红色再衬绿叶，如凤凰翱翔蓝天。

在绿化区内，标志树8m、树冠3.5m，以其高为标准，按0.618黄金分割率为比率，选择次一级树高，高低搭配，错落有致。为确保视线通畅，在互通区尖角处，连续种植地被，高度控制0.7m以下，诱导行车方向。

6.4 服务区、收费站等设施绿化

高速公路的服务区，类似于古代道路驿站，是过往驾乘人员小憩之地，是公路的服务窗口。

服务区服务项目，一般有停车、旅馆、餐饮、卫生、娱乐、加油、维修、医疗救护等服务，相应的设施有停车场（P）、餐厅（R）、厕所（W）、加油站（G），依据这些服务设施布设位置不同，服务区的布设形式也不同。

6.4.1　服务区布设

1)按停车场位置不同,服务区布设分为分离式和集中式两种。前者,停车场布设在公路两侧,后者集中布设在一侧。除去特殊地形外,一般多采用分离式布设方式(图6-35)。

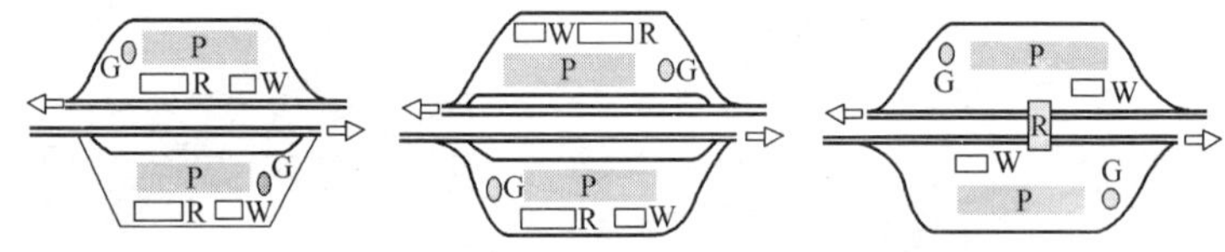

图6-35　按停车场位置不同,方式分离布设示意图

2)按餐厅位置不同,分外向型、内向型和平行型。至于采取哪种布设方式,主要与周围地形和环境密切相关。在平原地区,选用外向型布设,也就是说,餐厅和高速公路之间布设停车场;在周围环境比较封闭的位置,内向型布设就比较适合,餐厅沿高速公路而设。在狭长的山谷中,平行型显然有用武之地,即餐厅、停车场、加油站,沿路平行布设(图6-36)。

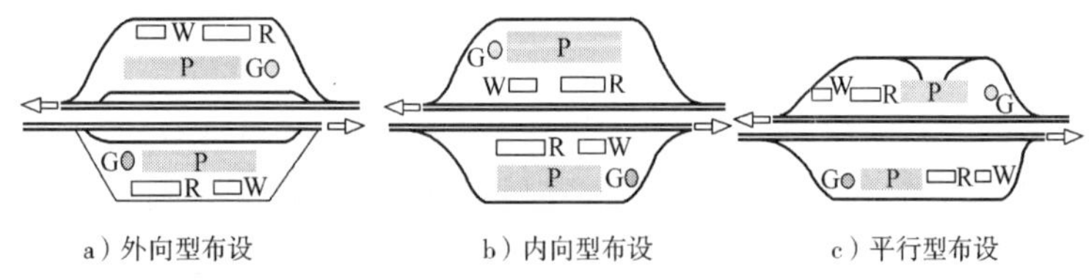

a)外向型布设　　b)内向型布设　　c)平行型布设

图6-36　按餐厅位置布设方式

3)按加油站位置不同,服务区布设分为入口型、出口型、中间型。前者,加油站布设在服务区入口处,优点:一进口就可加油;后者布设在出口处,车辆休息后再加油。加油站布设在中间,使用起来比较灵活(图6-37)。

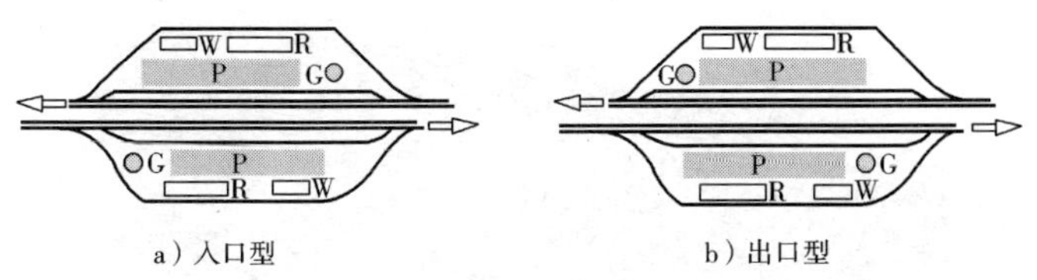

a）入口型　　b）出口型

图 6-37　按加油站位置布设方式

6.4.2　服务区绿化

服务区一般占地多，应配置有上述服务设施，植物的立地条件最好，可塑性最强的地方，也是集中展现所在公路的风貌，体现多方面的服务水平。因此，在这里应当围绕其服务功能进行绿化，多采用园林式绿化方式，营造出舒适、雅致、安静、卫生的服务环境。

所谓园林绿化方式，就是把大自然的美景浓缩到有限的空间内，成为大自然的缩影，使游人“不出城郭，而享山林之美。”在园内使用花草树木，营造出幽雅的生态环境，再点缀上奇峰怪石、亭台楼阁，构成绚丽多姿的美丽风景。笔者认为服务区绿化应遵循以下原则：

(1)植物选择上，体现了地方特色，物种选择上以当地乡土植物为主，偏重常绿和花卉种类，乔、灌、花、草有机结合在一起，并利用植物枝条颜色和花色进行搭配，构成丰富多彩的四季景观。

(2)服务区与外界的隔离，采用自然的“软性隔离”，即用矮墙和栅栏，内侧种植乔木、灌木，可选用带刺植物，一般不采用生硬的高墙。

(3)服务区应结合当地的人文历史，在楼前空地上设置具有一定意义的雕塑(群)。

图 6-38 是个服务区绿化效果图。该服务区是一分离式布设，服务区与主干线用乔灌木隔离，服务区周围采用软隔离，区内布设有绿地，将停车场与进出通道分开，服务区进出口种植上绿篱灌木，诱导车辆行驶。

图 6-38　服务区绿化工程实例效果

(4)根据服务区所担负的功能,采取因地制宜地方法进行绿化。例如:在停车场可适当栽植高大乔木,形成一定的绿荫,使车辆免受曝晒,服务区建筑群和广场,还可以通过庭园式手法建设花坛,加强美化效果,营造舒适宜人,轻松活泼的休闲环境。

(5)办公区、生活区,乔、灌、花、草布局合理,应是“终年常绿、四季有花,错落有致、色彩丰富”,创造舒适宜人的环境。

图 6-39 是云南思茅公路管理处绿化工程实例效果图示。在路管理区里,建筑、停车场、绿化相互呼应,营造出一幅幽雅庭院式环境。

图 6-39　公路管理处绿化实例

公路养护工区或道板房,也是公路的组成部分,集工作生活为一体的,一般占地面积大,应使用植物把院内环境打扮十分雅静,道路、办公房、绿化彼此错落有致。

图6-40是河南的一个公路养护工区的绿化实例。院内草坪、树木栽植，诱导车辆进出，草坪间还修筑步行小道，为公路养护职工提供一个幽雅的工作和生活环境。

图6-40　公路养护工区绿化实例

6.5　高速公路绿化设计实例

河南商(丘)至开(封)路段，是国道G30或说欧亚大陆桥上的一路段，长203.279km，计算行车速度120km/h，路基宽度26m，其中：中央分隔带宽3m。全线立交九处，布设有四个服务区。沿线经过开封、兰考、商丘、虞城、夏邑等历史文化名城，因此，在绿化中将历史文化融入其中，通过植物配置体现人文历史和自然风光。

6.5.1　绿化原则

1)总的绿化原则

在充分满足公路交通基本功能的前提下，以尊重自然，正视自然，保护自然，恢复自然为原则，兼顾生态效益、经济效益和社会效益。实施统筹规划，分段设计，突出重点，注重特色措施，采取点、线结合，因地制宜，适地适树，景观协调，易于管护等措施，以保证路域内景观的连续性和多样性。

2)立交桥区和服务区绿化

(1)在立交区里绿化,为行车提供安全和舒适的环境,保护周围的生活环境和自然环境,提供导向和标志功能,为附近的收费站和养护设施提供和谐的景观。

(2)收费站和服务区绿化,采取以人为本,营造一个舒适的休息场所。满足加油、餐饮和休息等功能需要。与周围景观融为一体。

3)中央分隔带绿化

在满足防眩、诱导功能,保证车辆安全行驶的原则下,增强绿化美化功能,提高行车舒适性。

4)道路两侧绿化

在保证边坡稳定性,增强水土保持能力前提下,以保证景观的连续性和多样性。充分利用乡土植物,乔、灌、草、藤、花合理配置。

6.5.2 全线绿化方法

1)中央分隔带绿化

商开路中央分隔带宽3m,是全路的绿化重点,绿化主要功能以防眩、引导视线,同时营造优美行车环境。

(1)绿化方案和物种选用

中央分隔带上,主要选用当地的桧柏、侧柏、大叶黄杨、小叶女贞等灌木,配置紫叶小檗、月季等花卉,并且每隔30km变换一次,以引起驾驶员视觉兴趣。全路共变化五次,分别为A、B、C、D、E方案:

①A、B、C绿化方案

A、B、C种植方案交替使用,每隔30km变换一次。

D方案,仅用于全线的起点和终点10km以内。E方案,用在中央分隔带开口处两端100m范围内(图6-41)。

A方案:连续种植侧柏或桧柏。

B方案:以株距为2m,间植整形侧柏球与黄杨球。在弯道处适当加密。使整条道路的景观有疏有密,以达到缓解驾驶员的视疲劳目的。

图6-41 商开路中分带绿化一路段

C 方案:连续种植桧柏,并在一侧下方种植风花月季和紫叶小檗,加强沿线的景观视觉效果。

②D 和 E 绿化方案

D 方案:连续种大叶黄杨,种植成 S 形,并在凹处种植风花月季或紫叶小檗,使景观效果更有特色。

E 方案:连续种植整形的金叶女贞绿篱。此方案仅用于靠近中央分隔带开口处两端 100m 范围内,起到提示标志的作用。

(2)使用不同植物,强化对地物的标志作用

①在每个公里桩处,种植一株高度 1.8m 以上的小乔木,如龙爪槐、紫叶桃等,起到标志桩作用。

②在中央分隔带开口处两端 100m 范围内,种植矮灌木金叶女贞等,即 E 方案,以不影响紧急掉头车辆的视线,起到标志的作用,并丰富公路景观。

2)路基边坡绿化

路基边坡绿化,采取近期与长远相结合的绿化方式,栽植快生植物,如紫穗槐,使其在短时间内覆盖坡面,防止边坡冲刷和塌陷

(图6-42)。

图6-42　商开路重点路段绿化

紫穗槐栽植当年覆盖率可达到30%～50%,一二年后可完全覆盖坡面,而且具有根系发达,生命力强,管养容易等优点。

高填方路段和立交区附近是本路基边坡绿化重点,采取栽植整形植物的方式,并在喷播时添加草花,以美化公路景观,图6-42是商开路靠近城市路段绿化实况。

3)隔离网内空地绿化商开路全线地势低洼,容易积水。在地势较低的区域,在不影响路基的情况下,允许当地农民在积水空地围河种植莲藕;在地势较高的地段,种植火棘等绿篱灌木,以防止人畜入内。每隔1km,种植一段长50m的花带,如蔷薇、黄刺梅等,增加公路景观(图6-43)。

4)互通立交绿化

商开路全线九个互通式立交:永城、夏邑、虞城、商丘东、商丘西、宁陵、民权、兰考、开封东立交。

立交区是公路对外的窗口,车辆出入之处。车辆驶速低,是高速公路绿化的节点,反映公路整体素质。因此,在进行绿化时,须充分考虑安全行车的前提下,以草坪为主,乔、灌、草结合,简洁明快，观感好，可操作性强的绿化方案。

图 6-43　商开路路侧湿地

(1)商开公路上的立交绿化

商开公路上的立交，有的立交地理位置十分重要，有的立交古文化十分浓郁，有立交的是当今交通的枢纽，因此，在进行绿化时，均以各自特点为中心进行绿化布局。

①永城立交区绿化

永城立交是河南的门户，在立交区域内设置一个古鼎雕，反映悠久的中原文化，“问鼎”是权威的象征，又喻安定团结。立鼎于此，喻意深远。围绕此中心进行绿化。

永城立交区绿化时，充分考虑交通安全、导向等功能前提下，绿化时采取乔灌草结合、落叶与常绿结合的原则，形成林木立体结构，同时充分考虑安全性、导向性，与行车方向构成良好的协调关系。立交区里的绿地，采取不同植物林带，相互联系布设的小径、小广场、小游园和大小绿地，同时点缀海桐、石楠、桂花等乡土树种，突出地方特色。花灌木为碧桃、连翘(春)，石榴、紫薇(夏)、木槿(秋)、乔木为大叶女贞、广玉兰、红花洋槐、桧柏、雪松等。

②商丘立交区绿化

商丘历史悠久，曾是商朝和宋国都城，当今又是铁路、公路和水运的交通枢纽,所以,商丘东和西立交绿地绿化,以古鼎上常见的勾曲纹作边饰进行绿化,以体现出商丘的古城文化氛围,同时点缀泡桐等乡土树种,局部地段可适当种植商丘市花月季,突出地方特色。

③开封商丘立交区绿化

开封是我国"六大文化古都"之一,有大相国寺、龙亭、包公祠等名胜古迹。开封东立交是进出开封的通道,也是商开和开洛公路连接处,地理位置显要,因此是重点绿化之处。

开封东立交绿化,采取以线条流畅的色带贯穿各块绿地,同时还增加其他植物的种类及数量,形成丰茂繁华之景。绿化线条组成京剧中的包公造型,意指包公廉洁奉公的精神为人们称颂。所选用的树木:乔木有国槐、元宝枫、银杏、龙柏、云杉等,花灌木则主要选用迎春、碧桃、丁香、珍珠梅、黄刺梅、黄栌等。

④虞城和兰考立交区绿化

虞城和兰考立交绿化以草坪为主,通过绿化树种的选择和合理配置,分别突出花木兰故乡,反映焦裕禄精神特色,以促进旅游开发和经济发展。

·虞城是花木兰的故乡。为了纪念这为古代女英雄,绿化所用的花灌木以木兰为主,并用其组成的花坛,像是几条龙盘踞在一起,中间一部分花做成木兰花花瓣形状。

虞城还是杜康造酒之地,在花瓣下面做一个酒杯的形状,"举杯邀明月,佳酿寄相思",也暗含着人们对花木兰的缅怀之情。总之,该立交的绿化不仅融入了文化气息,充满了活力,而且更加人性化。

绿化所用植物种以乡土种为主,易于栽植,成活率高。所用乔木:玉兰、桧柏、侧柏、木兰、紫穗槐;花灌木:紫薇、榆叶梅、紫荆、碧桃、连翘、迎春;常绿灌木:黄杨、女贞等(图6-44)。

· 兰考立交,以草坪、色带等明快线条,采取大手笔方式进行绿化，简洁明了，重点突出。绿带做成奖章、绶带的造型，以纪念兰考人民的“功臣”——焦裕禄，同时种植适量泡桐、红花洋槐。

图6-44　虞城立交区种植木兰，布设林间小道

灌木以迎春花植物为主，象征焦裕禄精神为兰考人民带来了如春天般的前景。乔木类树种主要选用泡桐、红花洋槐、金丝垂柳、千头椿、洒金柏、龙柏、侧柏等，花灌木则主要选用迎春、碧桃、榆叶梅、紫薇、紫叶李、西府海棠等。

⑤夏邑、宁陵、民权立交区绿化

夏邑、宁陵、民权为一般立交，以草为主进行绿化，并点缀少量花木。

· 夏邑立交绿地以常绿乔木、落叶乔木作成形状如流云的林带，联系各块小绿地，在主要地段设置花灌木围合的花坛，同时点缀椿树、悬铃木等乡土树种，局部地段可适当种植石榴、火棘、构骨、剑麻等，突出地方特色(图6-45)。

· 宁陵和民权立交，采取乔灌草结合、落叶树与常绿树搭配的原则，形成以草坪为主，花坛为中心，落叶乔木与常绿乔木为背景，花灌木为前景的林木立体结构。其所选择的树种，有落叶乔木：洋槐、元宝枫；常绿乔木：油松、侧柏；落叶灌木：紫荆、紫薇、连翘；常绿或半常绿灌木：沙地柏、黄杨、女贞、小檗等。

图6-45　夏邑立交区域绿化

（2）商开公路立交区域绿化手法

归纳全线立交绿化，大致可总结出以下几点：

①采用大色块的草坪、模纹花坛为基础绿化，给人以视线开畅、大气魄的效果。

②立交中心区里的绿地，注意采取整体性构图方案，用大手笔的整形树和低矮花灌木作成一定绿化图案，力求图案美观大方、简洁有序、自然明朗，使人印象深刻。对于小块绿地，采取以疏林草地形式，群植一些常绿树和秋色叶树，以丰富季相变化，体现地方特色。

③匝道两侧入口处，适当种植一些低矮的树丛、树球或三五株小乔木以增强标志性和导向性。驶出匝道处栽植一些导栽植，使可见区变窄，示意司机减速。

④在匝道弯道外侧，种植高大的乔灌木作行道树，以诱导行车方向，并使驾乘人员有一种心理安全感；弯道内侧绿化为保证视线

通畅，则种植低矮的花灌木。

⑤互通区域的填土边坡，一般不作图案处理，全部以绿色草皮护坡，避免喧宾夺主；对于立交区里的构造物，尽量采用嵌草处理或攀缘植物覆盖，减少阳光辐射热。

⑥互通绿地里应保持6%的坡度，以利于草地上排水，防止绿地积水。同时要保证30cm厚的营养土。

5）服务区、收费站等绿化

商开公路布设有四个服务区，即：夏邑停车区、商丘服务区、宁陵停车区、民权服务区。

服务区习称现代交通的驿站，其建筑大多造型新颖，具有现代感。绿化采用混合式布局，以大面积的缀花草坪为底色，通过不同特色的植物点缀，以彩色树木柔软的线条来衬托建筑的形式美。

收费站供员工休息的地方，建筑主要包括监控楼、食堂、车库、泵房及污水处理间等。作为生活小区，绿化目的主要是满足人们休息、游玩的需要。

对服务区、管理区进行高标准绿化，以充分发挥休息设施的作用。基本的想法是：区内实施绿荫栽植，避免车辆和行人被阳光暴晒；引道和区内道路两侧植绿篱引导车辆行驶；出入口处种植标志性植物等。

（1）服务区绿化

①夏邑停车区绿化

夏邑停车区适当引入园林绿化艺术，在停车场周围栽植了树姿优美，夏季开金黄色花朵的栾树为遮荫树。中间的长条绿地设置一组现代喷泉、圆亭、花坛为主的园林景观，绿地中采用低矮而观赏价值高的植物，既不影响视线，又提高了绿化效果，同时绿地充分考虑了游人休息及交通的需要。

办公楼旁栽植许多柿树，形成独特柿树林，还适当设置了方亭等园林小品，起到画龙点睛的作用。主干道两旁，栽植模纹花带绿篱,对整个停车区绿化形成和谐的衬托。

②商丘服务区绿化

商丘服务区在视线焦点处,设置"玄鸟生商"的雕塑,借以代表历史悠久的商丘,寓意古城新生,精神焕发,生机勃勃,展翅腾飞。在绿地边缘栽植成片模纹式金叶女贞与紫叶小檗,对车辆起着导向作用。在适当位置还栽植油松、栾树、臭椿等高大乔木,丰富立面景观。同时,还结合了地形设置有花架、水池小品,方便了办公人员的休息。

此外,宁陵停车区绿化,民权服务区,都有各自的特色。

(2)公路管理处和及管养工区绿化

商丘管理处是商开高速公路的唯一管理处,下设有夏邑管理所及养护工区、民权管理所和养护工区、兰考管理所和养护工区。管理所和养护工区是人员聚集较多的地方,在绿化时引进园林艺术,结合历史文化,使用植物进行塑造,为今日所用。例如:在商丘管理处塑造一组钓鱼台、水体和龟石为素材组景,表现"庄周畏牺"的传说,反映了庄子淡泊名利的处世哲学。在兰考管理所和养护工区及收费站,种植泡桐树、红花洋槐、柿树和樱花,使人们一"看到泡桐树,想起焦裕禄";红花洋槐寓意人民将红花永远献给英雄。柿树用来昭示后人不忘焦裕禄时刻关心人民的疾苦。樱花,则意味着这是英雄的故乡。

(3)收费站绿化

沿线个各收费站绿化,亦同样引入历史文化,用河南常见刺槐、泡桐、石楠、海桐等树种展示当地文化特色。例如,在宁陵立交收费口路段,栽植上常绿树种,让过往驾乘人员以绿的感觉,展现出了宁陵地区的绿化文明氛围(图6-46)。

在虞城收费站的大草地上,设计组合喷泉,中间为酒杯状溢水池,两侧采用喇叭状喷泉。给员工和驾乘人员提供了一个良好的观赏景点,同时种植塔柏、木兰、玉兰,以纪念花木兰女英雄。民权是庄周故里，在该收费站栽植杨树和栾树为基调树。栾树意喻此地是文人之故乡，代表庄周淡泊名利。在开封东收费站正楼小游园中，用花坛组成一个“正”字，使人联想到刚正不阿的包公，等等在此不一一冗述。

图6-46 宁陵立交收费口路段

7　公路绿化施工技术

7.1　绿化施工依据

公路绿化施工主要依据如下：

(1)业主单位对项目的设计委托书(合同书)。

(2)交通部公路发(1995)1036 号文《公路工程基本建设项目设计文件编制办法》。

(3)公路环境保护设计规范。

(4)公路工程施工图设计文件。

(5)与业主签订的绿化承包合同书。

(6)国家和交通部现行的有关标准、规范及规定等。

7.2　绿化施工准备

公路绿化施工,按“三同时”原则,与主体工程同步进行,以使主体施工时遭到破坏的植被随即恢复,工程竣工后植被也随之竣工,目的在于缩短岩土暴露时间,保持岩土稳定,防止水土流失。

公路绿化施工,大致分为以下几个步骤:施工准备、编制施工方案和施工方法、安排施工顺序、制定质量保证措施。

绿化施工准备工作,包括施工人员组成、机械设备准备、草种和苗木及辅助料的准备。

1)人员组织和准备

按照项目招标的要求,施工单位必须选派素质较高、责任心极强,有多年同类项目施工经验,并能吃苦耐劳的人员组成施工队伍。依据合同规定成立绿化项目部,实行项目经理责任制。项目经理部必须健全管理机构,经理应由具有多年的绿化施工经验和设计能力的工程师以上人员担任，项目总工技术负责人、质检负责人必须是经验丰富的植物学、土壤学行家担任。建立健全质量管理和控制体系，从机构设置上完善和健全质量检验和控制体系（图 7-1、图7-2）。

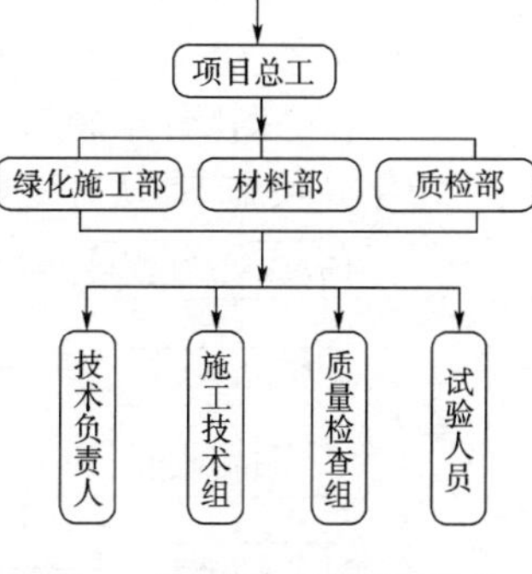

图 7-1 绿化施工质量管理体系

2）机械设备准备及保养

除绿化施工必须各种手工工具（锄头、竹筐、推车等）外，根据工程项目的需要，在不同部位施工，必须配备相应的机械设备，必备的机械有液压喷播植草机、水车、运输车辆。所有机械必需有专人操作，并持证上岗。

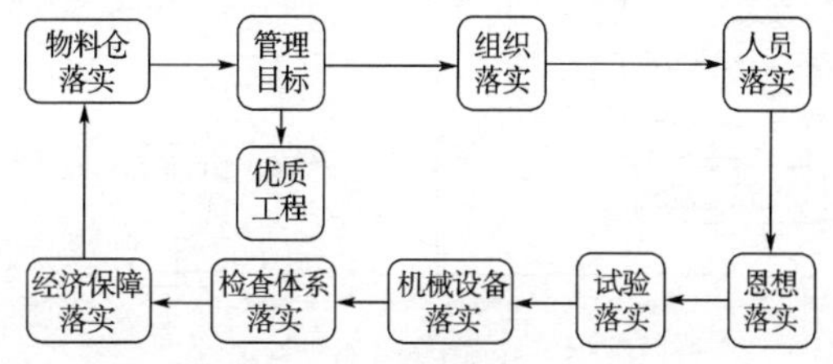

图 7-2 绿化施工质量控制体系

3）苗圃建置准备

公路绿化工程，也是一项大工程，为了顺利施工，所使用的大多数苗木必须在施工以前进入苗圃、并换袋，让苗木在苗圃内缓苗养护，到正式开工时，再通过近距离运输，做到“随起、随运、随栽”。确保栽种苗木的成活和景观效果。

4）草种、苗木及辅料准备

绿化施工须按设计文件选择相应的植物，其种类、规格均适宜当地气候及土质，施工单位必须提前做好准备。辅料，如无纺布、稳定剂、保水剂、铁丝、纸质纤维，均应做好准备，按时发往施工现场。

7.3 绿化施工质量管理程序

为了保证质量,落实栽种质量,严格质量管理,在绿化施工中,须建立起一整套严密地质量管理体系。

7.3.1 绿化分项施工

绿化分项施工,从开工到交工质量管理程序,如图7-3所示。

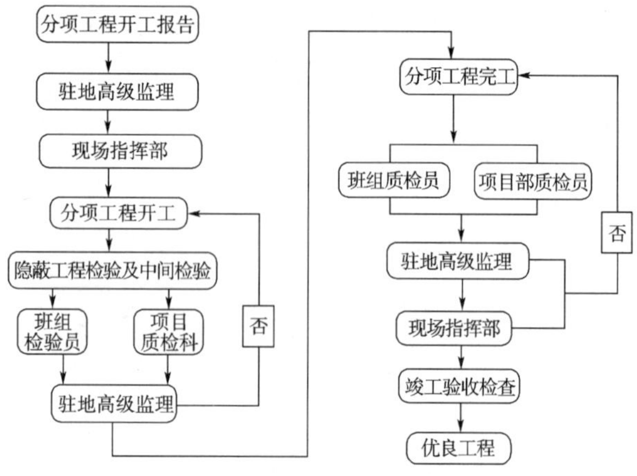

图7-3 分项工程质量控制程序

一般来说,绿化工程是公路建设最后一道工序之一,但是要求与同路段主体工程同时完工,因此,在施工中不可避免地与其他工程项目交叉进行,这就需要与业主、监理工程师、土建单位相关人员积极、主动、耐心地汇报、交流及配合,至少做好以下几项工作。

1)按照《招标文件》及合同要求,结合现场施工实际情况,应及时向项目监理呈报施工计划,施工方案,设计变更要求,验收要求等各种报告,及时解决施工中遇到的各类困难和问题。

2)项目监理应出面及时与其他各项目施工方做好协调工作,力争将绿化施工方案所需的施工工地按时或尽快地交付绿化方施工。

3)充分做好工程施工前准备工作

除做好本项目工程所需人员、设备、景观、景点苗木,各类材料等各种准备工作外,绿化施工单位还必须做好以下几项工作:

(1)机械设备

每天施工前及下班后,必须由专人负责进行性能检查,及时排除故障,并做好备用方案,以免临场故障误工,避免机油泄漏,污染路面。

(2)所有苗木、材料必须提前1~3天做好准备,并保证在施工班组上班前,第一批材料已运至工地,以免发生误工显现。

(3)做好安全教育及安全准备

工程施工前,由承包人同所有施工人员逐一签订安全责任书,进行安全教育,并给所有施工人员办一份意外伤害保险,临时民工用工也不例外。

每天开工前,加强安全教育,备好应备的安全设施,如安全帽等。

在施工过程中,必须在施工范围内设置明显的施工标志牌,车辆工作运用有效警示灯。特别是在中央分隔带、路基侧景观施工时,更要注意安全,在施工范围以外前后100m处,设置以明显的标志牌,施工范围用安全锥形筒隔离,确保施工人员安全,坚决杜绝安全事故的发生。

(4)雨季施工安排

①积极地收集当地气象资料和气象预报信息更加合理地调整施工项目。

②苗木种植不得有病虫害,种植后要多施有机肥,特别是含P、K的肥料。准备好草席,草绳,油布和塑料布。

③雨天施工时,对特殊地点设置明显的警示牌,要防倒塌、防滑剂。

7.3.2　缺陷责任期间质量管

绿化施工交工验收后，在缺陷责任期间质量管理程序，如图7-4所示。

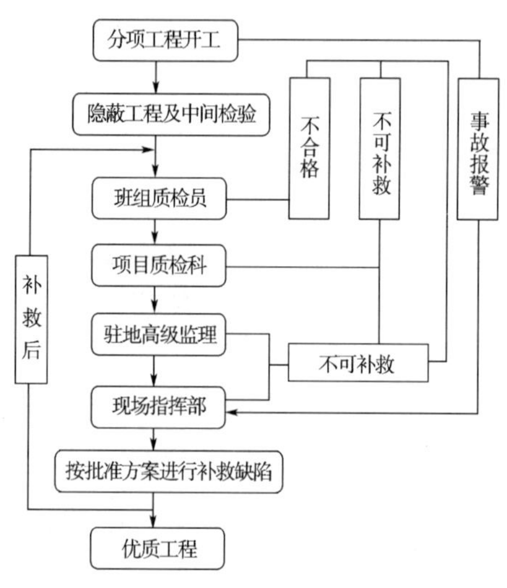

图7-4　工程质量缺陷修复处理程序

在缺陷责任期间，绿化承包人应对交工的绿化工程定期进行检查，进行日常管护，对枯死或损伤的树木和草木进行补植树，以达到最终符合设计要求的植物防护和绿化标准。

7.4　绿化施工方法

一般高速公路绿化施工，包括：中央分隔带、路侧、立交区、休息室、监控中心、服务区、隧道出入口及三角区绿化工程及边坡。工程内容：回填种植土、场地平整、土壤改良、乔灌木栽植、草坪铺植及喷播植草。

7.4.1　中央分隔带绿化施工

中央分隔带绿化施工方法，施工技术要求，简要分述如下：

1）清理绿化带上的杂物

清除大于25mm的砾石、树根、杂草、野生灌木、垃圾等,并运到指定的废弃点,严格控制扬尘污染。

为排除路面雨水,往往在中央分隔带下埋设有排水管,管上铺设一层或数层反滤层土工合织物,防止细土颗粒淤积堵塞排水通道,然后回填种植土(图7-5)。

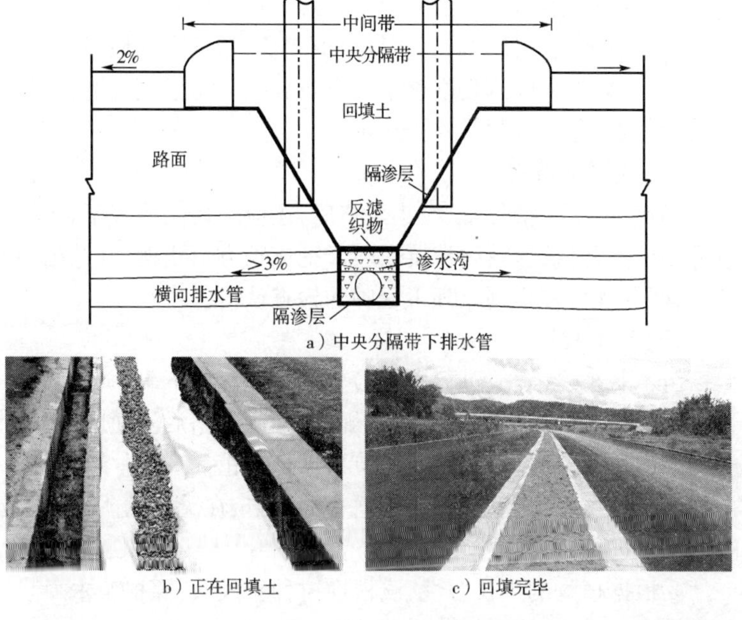

a)中央分隔带下排水管

b)正在回填土　　c)回填完毕

图7-5　中央分隔带回填土

2)回填种植土

按照设计文件要求和相关文件的规定,须事先从回填土中取出土壤样品,经监理检验,符合要求后,方可进行回填。

中央分隔带土一般比较贫瘠,为了使回填的土适合植物生长,一般将栽植地点或种植穴中不适合的土壤更换为适合植物生长的土壤,或掺入某种土壤改善理化性质。这样的回填土,在绿化工程施工中称为客土。

3)种植苗木

种植苗木应选择根系发达、生长茁壮、无病虫害、规格及形态符合设计要求。根据公路所在地的气候、水文、土质和树木的习性等特点,具体操作规程应符合以下技术要求:

(1)定点放线

按照设计图纸标出植物的种植地段,种植位置及品种的轮廓,在实地进行准确放样。对于直线距离较长、弯度大的地段,应请设计代表、监理工程师到场准确落实定点放线。定点放线的位置,应经设计代表、监理工程师检查认可。

(2)挖掘种植穴

确定种植穴、槽位置、大小规格后,还应考虑土质因素,树坑一般呈圆柱形开挖;绿篱种植坑一般开挖成长方形沟槽,开挖出的种植穴、槽等规格应得到监理工程师的检查认可。

(3)苗木栽植

苗木栽植之前,应进行以下检查和并注意以下事项:

①植苗之前应再次检查树坑规格,确认合格后浇灌底水,待水全部渗透后,把经过修剪后散树苗再进行栽植。

②各类苗木种植,宜选择最适宜的季节,在无风的阴天或多云的天气及进行种植。

③根据植物的生长习性,浅根性树种宜浅栽;裸根苗木须浆根后再栽植。

④栽植时应先施基肥,填入熟土,扶正苗木分层填土,轻轻踩实使之紧密,注意带土球种植时不能踩破土球。最后将底土填平土坑,填土一般应比原来根际线略高 3 ~ 5cm;栽植带有包装土球的树木时,要除去不易腐烂的材料。

⑤树木采取行列栽植时,要求树干或树冠中心保持在规则的直线或曲线上,将树形好的一面朝向公路,树干上、下保持垂直,树有弯时应顺向路的行驶方向,与路平行栽植。树必须横平竖直。

群植、丛植时,植树时树干或树冠的形态要相互协调。

⑥树木栽植后适当修剪枝叶。灌木栽种后,应做到整形修剪,保证乔木和灌木栽植后高矮一致、整齐美观,剪口与树干平齐、不留枯橛,以免影响愈合。

⑦短裁时应注意留外芽,剪口距芽位置要合适,一般离芽10mm左右,剪口应稍斜并削成斜马蹄形;对修剪口大于20mm以上大树枝,应涂抹防腐剂或封蜡,以促进剪口尽快愈合,防止遭受病虫、雨水侵害。新栽植的乔木和高大灌木采取三角支撑等方式进行加固,以防止树木倾斜。

⑧栽植绿篱种植时,要使株距分布均匀。树形丰满的一面应向外,按苗木高度,树干大小搭配均匀。在苗圃修剪成形的绿篱种植时,应按造型拼栽,深浅一致,保证拼栽后的轮廓景观。

⑨栽植上树木之后,应立即浇定根水,浇足浇透,待水全部渗下后及时覆土或封堰,一小时后再浇一次透水。

⑩及时进行水、肥等重点管理。干旱无雨季节,灌木一周内每天早晚各浇一次水,一周后改成每天浇一次水,4~5天后再浇第三遍水,半月之内要浇第四遍水。

4)施工完毕后养护管理及验收

在植物恢复期及生长期,要加强管护,保证有足够的水分和养分。在施工完成后一个月后,按招标文件及合同文件中有关要求,向监理组及业主逐次按招标文件中规定的各类苗木的验收时间,提交申请报告。待完成竣工验收后便转入第2年的缺陷责任期养护。

7.4.2 路侧等绿化施工

路侧、立交区、服务区、监控中心、隧道洞口及三角区绿化施工方法和技术要求:

1)清理和平整绿化场地

方法同中央分隔带绿化技术要求。如果场地布设有各类管线,应按设计规定先行铺设。

2)填种植土及平整回填种植土

按照设计及技术规范要求,对路侧、立交区、服务区、监控中心、隧道出入口及三角区回填土样,经监理检验(含 PH 值)合格后,再将种植土运往施工地,并按填土顺序、坡比及厚度按要求控制卸土,破碎大于 20mm 的土团,平整地面,使之平整无坑洼。

在绿化庭院时,靠近路沿、落水井、排水沟、电缆井等设施周边的回填土,应低于各设施 5cm,防止降雨和人工浇水时把土冲走。运车辆运土时,采取措施防止污染环境。

3)土壤改良

根据设计及规范要求,场地回填种植土和平整后,为了提高土壤肥力,改善土壤理化性质,要对土壤进行消毒杀菌,并施入一些有机质、化合物和化学物品,经过 2 次以上翻挖,把有机质、化合物和化学物品与土壤在 25cm 深的范围内拌和均匀,耙平、压实形成草坪和灌木生长的基床。

4)种植施工

种植苗木应选择根系发达、生长茁壮、无病虫害,规格及形态必须符合设计要求。草坪铺设方法采用液压喷播技术或人工铺设草皮。播种用的草籽、草坪不得有病虫害,发芽率达 95%以上。

种植施工顺序:

(1)原地面整平后种植施工程序

地面整形处理→种子处理及配备→更换种植土→定点放线→树木种植→灌木种植→喷播施工→覆盖无纺布→揭无纺布→浇水、施肥、养护。

(2)客土种植施工程序

原土废弃→除草、杀菌、消毒→更换种植土→绿化地翻挖平整 2 遍→定点放线→树木种植→灌木种植→种子处理及配备→喷播植草→覆盖无纺布→揭无纺布→浇水、施肥、养护。

7.5 树木栽植技术

7.5.1 苗木

在公路绿化中,除去各种不同的禾草外,所选用的苗木大致分为乔木、小乔木、灌木三大类。

1)乔木苗木:树干高大,高度大于5m,主干和分枝明显区别。四季常绿的乔木称为常绿乔木;秋后落叶的乔木称之为落叶乔木。描述乔木苗木的特征和质量时,常用到以下技术指标:

(1)树高:从地平面到树顶的垂直距离。

(2)干高:从地平面到树干分枝处的垂直距离。

以上两种苗木特征,常用字母 H 表示,使用单位为 m。

(3)分枝点:树干第一个分枝的最低水平点。

(4)胸径:树木从地平面向上 1.3m 处树干的断面直径,用字母 D 表示,使用单位为 cm。

(5)冠幅(冠径):树木的树冠在地面垂直投影的直径,用字母 S 表示,使用单位为 cm。冠幅测量方法:(东西长度 + 南北长度)/2,用字母中 Φ 表示,使用单位为 m。

偏冠:树木的枝干在某一方向缺枝。

2)小乔木:木本植物,树高在4～7m,且有明显主干的树木。

3)灌木:木本植物,矮小而丛生,没有明显主干,树高一般在3m 以下;四季常绿的称为常绿灌木,秋后落叶的称为落叶灌木。花灌木主支条的断面直径称为干径,常用字母 D 表示,使用单位为 cm。

4)栽植的苗木,按生长年限不同,有一年生苗、二年生苗、多年生苗。

不论有性繁殖或无性繁殖,从成活到用苗的时间为一年,称为一年苗。如果从成活到用苗的时间为两年,称为二年生苗。苗木在二年生以上(多指花灌木),为多年生苗。

起苗木时，人为（或非人为）的从地平面起，去掉一定高度内的侧枝称为提干苗。

7.5.2　一般种植技术

1）种植穴、槽挖掘与换土

植树树坑应开挖成圆柱形；绿篱种植坑一般为长方形。挖出的表土和底部生土应分别堆放，土质不良或不适宜树木生长的土石应清理拉出，换成优质种植土再进行栽树。

2）起苗

起苗前应对苗木进行普查、号苗、分级分类。起苗时间应在土壤湿度适中的情况下进行。

裸根起苗，适用于休眠状态的落叶乔木和藤本植物；带土球起苗，适用于常绿树木和生长季节的落叶乔灌木。

裸根起苗和带土球起苗时，根部土球的规格，落叶乔木根系大小为其胸径的8～10倍，常绿树土球或裸根苗木根系均为其高度的1/3。按照该规格起出带土球的树木，树木根部要用蒲包、草绳等材料妥善包装、捆绑，有效控制树木土球松散。

3）苗木调运

苗木搬运时必须以抱起土球为主，用手托起树干来平衡苗木枝干的距地面高度，不得只搬树干，或滚动土球，做到轻拿轻放，确保土球不松散。

苗木装车时，保证苗木根部落实，土球之间相互靠紧，防止运输时土球滚动。树干以60°倾斜靠稳，装满一车后用拉引带捆绑固定，防止车辆行驶时树被风吹倒，避免树木损坏。

4）苗木栽植

苗木栽植前，应检查树坑规格，然后浇灌底水，待水全部渗透后栽植。

（1）高大乔木，应在栽植前进行修剪。高度在3m以下，无明显主尖的乔木和灌木，为了保证栽后高矮一致，整齐美观，也可以在栽植后修剪，剪口应与树干平齐，不留枯橛，以免影响愈合。

（2）断截时注意留外芽，剪口处稍斜，剪成马蹄形，剪口距芽位置要合适，一般离芽10mm左右，修剪20mm以上的大枝剪口处，应涂防腐剂或封蜡，可促进愈合和防止病虫、雨水侵害。

（3）散苗、散露根苗，应掌握随掘、随包根、随运、随散苗、随栽植，尽量缩短根部暴露时间，以利苗木成活。散苗时，必须对苗木轻拿轻放，保证苗木土球完整，不松散，不得损坏或折断树枝。

行道树散苗按道路的行驶方向放置，不得横放于路上影响交通，确保树木不受损坏。

搬运苗木时，要以抱起土球为主，用手托起树干来平衡苗木枝干的距地高度，不得只搬树干，尽量避免滚动土球。已运到施工现场，但未能及时栽完的苗木，应按规范要求暂时进行假植。

7.5.3 乔木和灌木种植

植苗前应检查树坑规格，然后浇灌底水，待水全部渗透后种植。种植应选择在无风的阴天或多云的天气进行栽种。根据植物的生长习性，浅根性树种要浅栽。裸根苗进行浆根处理后种植；种植时先施基肥，填入熟土，扶正苗木，分层填土，轻踩使之紧密，注意带土球苗木种植时不能踩破土球。最后将底土填平土坑，填土一般应比原来根际线略高3～5cm。捆绑土球用的难腐烂材料或草绳要去除。

（1）行列种植时，要求树干或树冠中心保持在规则的直线或曲线上，树体正直，树干弯曲的苗木，树弯部分应在树行里。常绿树应将树形好的一面朝向公路的主要观赏面。群植、丛植时，植株间树干或树冠的形态要相互协调；

（2）植树后适当修枝剪叶。灌木种植后应做到整形修剪。绿篱种植时，要使株距分布均匀，并进行平整和轮廓修剪。萌芽后如有枯枝，应及时剪去；

在风大的路段，或高于1.5m以上的树木，树木栽植后要采取立支柱或绳索牵引措施以固定树木。支柱常用的有单支柱、双支柱、三角支柱及四支柱等。支柱与树干之间用草绳或其他软性缓冲材料包扎,防止摩擦损坏树皮,影响树木成活。

(3)植树后应做到固土,其半径比树坑半径大20~30cm;苗木种植后应立即浇定根水,浇足浇透,待水全部渗下后及时覆土和封堰。

(4)实施重点管理,及时进行施肥、浇水。干旱无雨季节,4~5天后再浇第二遍水,半月之内要浇第三遍水。刚栽植的灌木前2天应进行每天浇2遍水,早晚各一次,之后应进行每天一次浇水。

7.5.4 大树移栽

(1)大树移栽前应进行切根、断根等,促进须根生长,提前适当修剪,不损树形,提前浇水,保证切根、断根后有充足的水分。

(2)起苗前将树体用绳索或支柱固定。起苗以树干为中心,以干径3~4倍为半径挖掘,挖至土球直径的1/2~1/3时进行修整。大树的地上及地下部分均应包扎,将树枝及树冠扎紧,根部土球包扎缠缚应牢靠,扎多道腰箍,必要时定木箱。在寒冷地区,冬季大树移栽应采用冻土球法移植。

(3)装卸和运输时,不能造成土球受碰撞后松散,也不能造成主杆上树皮和枝杆受损。

(4)大树移植种植技术,基本与普通树木相同,但树坑直径应比土球大40~50cm;深度比土球高度深20~30cm。

(5)大树移植入坑后,应去除土球的包扎物。回填土时进行分层踩实,分层浇水,然后设立三角支柱,填土完成后做好围堰,及时浇透水,精心进行浇水、施肥等抚育管理。

7.5.5 中大小灌木移植

中大灌木系指栽种高度80cm以上的灌木,先量好坑的直径、深度是否大于苗木土球直径与高度。不要盲目把苗木入坑。在土球底部及四周垫少量土固定土球,应尽量提草绳将土球入坑,摆正位置、直立,剪开包装,取出包扎材料,随后边填土边用木棒捣实,不得捣坏土球,继续填土,分层夯实,把土填满,随后围堰,并浇水2~3遍。

小灌木种植是指栽种高度30cm左右的小灌木,栽种时须轻拿轻放,不得损伤根系和土球,边散苗边栽,苗散完栽完,灌木栽入槽内用细土埋严,拍紧,搂平,在已栽植灌木周围封堰,及时浇水,保持土壤湿润。

7.5.6 喷播基本技术要求

液压喷播是采用草籽或根茎与水、粘合剂、复合肥料、保水剂、纸质纤维均匀混合,用高压泵直接喷播在已经平整后的绿化用地上。其技术要求如下:

1)喷播原材料与种子混合后必须搅拌均匀。

2)实施喷播前应对喷播设备进行检查,应将水带管道冲洗干净,以免中途堵塞,造成原材料浪费。

3)避免在大暴雨天喷播施工,若刚喷播过的种子还未进行覆盖却受到大暴雨冲刷,造成种子流失的场地,应及时重喷。

4)喷播施工后护养

(1)喷播后应及时覆盖无防布,以免雨水冲刷,造成喷播材料流失浪费,做到保湿、保水、保温、防冲刷。

(2)在种子出芽时期,还须保证水分的供应,确保种子的出苗率、成活率、覆盖率。

(3)植物草坪在生长期,应适当施肥,以促使其生长,施肥一年不少于二次,雨季施肥可采用人工均匀撒肥,但必须掌握好时机,一般在下雨以前,各种灌木及草坪叶面上无水的情况下进行。干旱期施肥一定要采用水溶均匀后用喷播机把水肥喷于植被上,每次用量控制在20~30g/m^2。随后对已施过肥的灌木及草坪再进行浇水一遍,以免施水肥以后灼伤灌木及草坪。

7.5.7 草坪卷铺设和地被植物栽植

(1)草坪卷铺设

铺草坪卷的基层床面,要求跟喷播草籽的基床面一样,表面整平耙松,土团直径应小于5mm,基肥按40g/m? 均匀撒在基床面上,并翻挖至20cm深度后进行基床土层平整,平整完成之后,把草坪卷从一标准直线面按顺序铺设,草坪铺设完成后,用一定重量的辊子进行人工拉动碾压至实后,及时浇水,前一星期内保证每天早晚各一次浇水养护。一星期后每天进行一次浇水,保持土壤湿度,确保草坪的良好生长。

(2)地被植物栽植

地被植物栽植基床,要求跟铺草皮卷的基层面一样,按设计密度进行栽植。栽植时应剥去营养袋,并保证营养土球完整,实行边挖槽边栽种。覆土时用细土把植物根部的土球埋严,覆土厚度应比土球面高2cm左右,拍实、搂平、压实,及时浇水。第一周内保证每天早晚各一次浇水养护,一周后每天进行一次浇水,保持土壤湿度。确保地被植物的良好生长,栽植完成后收集剥去的垃圾袋,统一堆放并装袋包装,送往指定的废弃地点,确保施工场地及周边环境不受污染。

7.6 边坡绿化施工技术

7.6.1 土质及土夹石边坡

土质及土夹石边坡绿化施工工艺,一般采用“三步施工法”,施工工艺具体顺序详见图7-6。

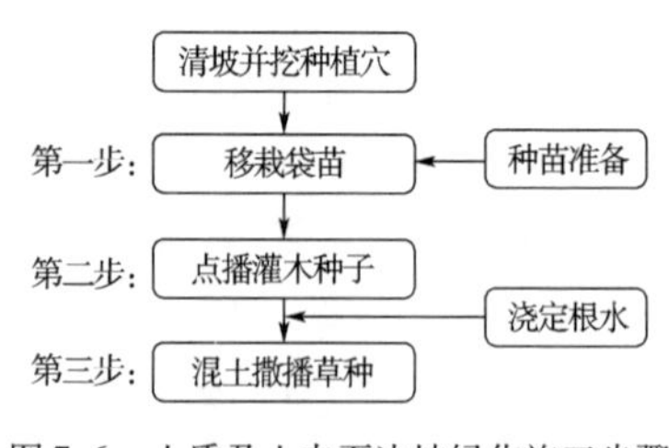

图7-6 土质及土夹石边坡绿化施工步骤

其具体工艺要求:

1)种植密度要求

乔、灌木袋苗种植密度、灌木种子点播密度及每穴用量、每 m^2 草种用量等严格按照设计要求施工。

2)清坡、挖沟槽

清坡后,在第 20cm 处,挖一条 5 ~ 8cm 的沟槽,以备草种撒播之需,也同时挖袋苗种植穴。

3)种植穴规格

种植穴规格:乔木穴为 40 cm × 40cm;灌木穴为 20 × 20cm;栽苗后踏实,无论晴雨都要及时浇透定根水。

4)点播植物种子

点播灌木种子时,必须将不同种类的灌木种子分别装于不同的袋内,并混合少量复合肥,不能两种不同的种子同植时,其混土撒播的时间最好在灌木出苗 10cm 左右进行。但是,在雨季末期亦可同时进行。草种用细土混匀,并按 40g/m^2 钙镁磷肥和 15g/m^2复合肥的用量拌入其中,人工均匀撒播于坡面。

5)植物养护

在雨季种植时,多数情况下可不需人工浇水养护,但若遇袋苗移栽后放根前持续 5 天以上的干旱天气,必须对移栽的苗木进行人工浇水防旱。

在边坡主要灌木生长至 50cm 以后,按 5g/ m^2 尿素,10g/ m^2 复合肥的用量选择晴天用水车喷施 次肥。

施工后,在次年雨季来临后,对边坡乔木进行一次清查,把已枯死的苗木拔出,及时补植。

7.6.2 石质边坡绿化工艺

当石质边坡不稳定时,应先采用锚索、锚梁及混凝土框格梁等措施对边坡加固防护,然后采用植生袋进行绿化。

其中第一、二台阶应满铺,坡比小于或等于 1:1 的第三台及以上边坡,可采取半铺方式。

石质边坡绿化有两种方式,一是采取土工格进行绿化,二是采取植生袋绿化。

1)土工格绿化施工程序如下：

清理坡面→展开土工格室→钉入主次锚杆并浇灌水泥→填充种植土→坡面浇水→再填充种植土→定植苗木→浇定根水→点播种子→撒播草种→覆盖无纺布→养护。

施工时应先将坡面杂草清理干净,然后仔细整理、整平坡面。再将两块格室用塑料螺栓上下连接牢固,在坡面上展开,从上到下、从左到右将主、次锚杆定入相应的格式中,并及时浇筑水泥加以固定。

次锚杆一般长50cm、Φ16mm,第一排间距30cm。主锚杆一般为Φ18mm、长100cm,间距30cm。坡面格室固定好后,填充种植土,同时喷洒适量的水,适当加入草碳土和复合肥,则可按要求进行种植和养护(图7-7)。

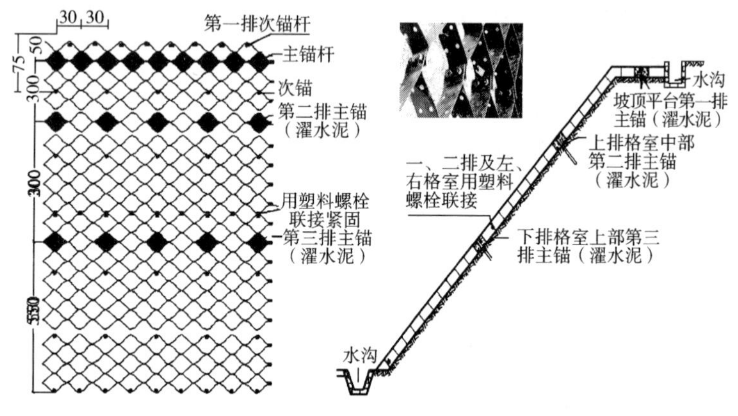

图7-7　石质边坡土工格室施工实例(尺寸单位:cm)

2)石质边坡植生袋施工程序

一般石质边坡,且坡度比较缓,只是在拱形骨架内码放植生袋,其施工程序：

清理坡面→垫铺碎石→装植生袋→码放植生袋→点播灌木种子→养护。

具体施工技术要求：

①清除拱形骨架多余的碎石、泥土等杂物，并仔细整治平整，其平面比拱形骨架低20cm。

②在植生袋底层垫5~8cm碎石，便于坡面排除积水。

③用配好种子并加工的植生袋装上种植土，加入适量的10%的草炭灰和复合肥500g/m³。

④在拱形骨架内，由下向上码放。每码好一排，用脚踩实。全部码完后点播灌木种子。

如果坡度接近1∶1，在整平后的坡面，每隔40cm挖一条40cm×40cm的条形种植槽，将植生袋码放在种植槽内，其余方法同上。

3）坡度大于1∶1，植生袋袋上铺设铁丝网或用钢筋网或锚杆固定（图7-8、图7-9），其施工程序如下：

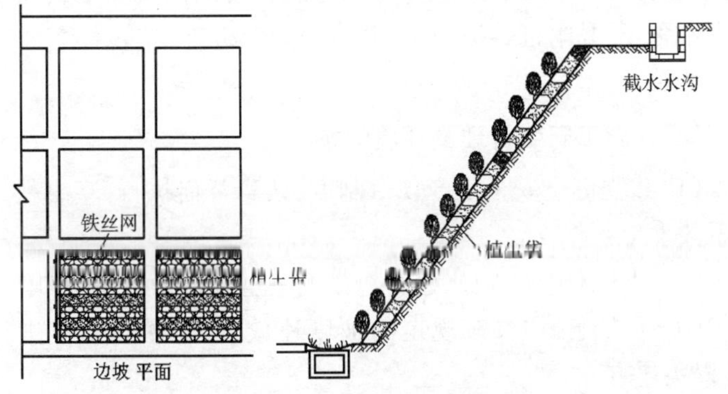

图7-8 高边坡绿化方法一：挂铁丝网和钢盘固定植生袋

施工程序：清理坡面→垫铺碎石→挖种植槽→装植生袋→码放植生袋→铺铁丝网→锚固钢筋→点播灌木种子→养护。

施工技术要求：与上述不同之处，在整平后的坡面，每隔40cm挖一条40cm×40cm的条形种植槽。码放好植生袋后，铺设铁丝网，每拱内用一根80~100cm的φ18mm的钢筋固定，其他部位用50cm长的φ14mm钢筋固定。其余方法同上。

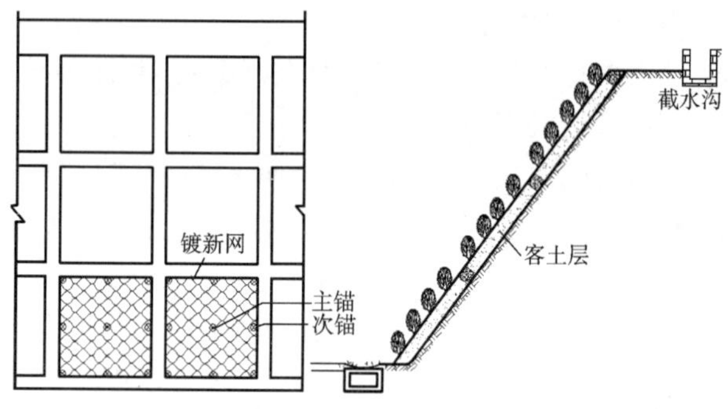

图 7-9　高边坡绿化方法二:挂铁丝网和钢盘固定植生袋

如果坡度再陡,要用锚杆固定植生袋,在种植土中加入 30% 草碳灰和复合肥 500g/m^3,用喷浆机、空压机将配好的营养土高速喷到挂好网的边坡上,厚 8 ~ 10cm,然后,再用高压喷播机将草种和灌木种子、黏附剂等喷山去,并覆盖上无纺布,待草木长到 5cm,进行移植。

7.7　施工安全管理及环境保护

(1)建立健全安全生产规章制度,认真督促执行,坚决杜绝安全事故发生。

(2)对全体施工人员,进行全面的安全教育和技术培训工作。

(3)土方施工时,按规定的坡度比放坡,对松软部位进行支撑,以免塌方。

(4)现场施工电线应按规定要求架空,通过道路时加套管,以免压裂触电。

(5)一切机电设备由专人管理及操作,做好操作保护,开关管理、防潮、防湿、绝缘和接地。

(6)做好安全防火。焊接、切割作业选择安全地点。

(7)补充客土和苗木运输时,驾驶人员必须遵守交通法规,严禁多装快包。做到驾驶行车必须安全。

(8)施工及维护期间,严格遵守国家和当地的环保法规,对燃料、污水、废料和垃圾等有害物质采取妥善处理,防止对施工场地周围的河流、湖泊、池塘和水库造成污染。

在建筑垃圾运输及装卸过程中,对已完工的沥青路面和施工场地的出入口,采用铺油布,塑料布或草席的办法,防止污染路面;运输车辆装物时不宜太满。车辆行驶时车厢上部用油布覆盖,防止扬尘对空气环境的污染必要时多洒水避免扬尘。垃圾也应运往指挥部或监理工程师指定的废弃地点,严格控制施工及维护过程中的环境污染物。

在中央分隔带上浇水、施肥时,一定要轻浇,防止种植土飞溅,污染已完工的路面。

对于噪声大的施工作业,尽可能安排在白天施工,避免噪声对周围居民的影响。在整个施工过程中做到统筹规划,合理布置,综合治理、化害为利。

7.8　绿化养护管理

公路绿化竣工验收交付使用后,在缺陷责任期内,施工单位实行养护管理和维护,进行检查,负责修复。

(1)定期检查

当工程投入使用后,开始时每旬或每月检查1次,如3个月后未发现异常情况,则可每3个月检查1次。如有异常情况出现时,则缩短检查的间隔时间。当经受暴雨、大风、严寒等自然灾害后,则应及时赶赴现场进行观察和检查。

(2)检查重点

主要是种植的树是否倾斜,草坪的排水情况,植物的生长情况,植物受冻伤害情况等。

(3)日常管理养护

向业主和监理提供管理及养护的详细计划。保修期内做好如下工作:对植物浇水、修剪、施肥、打药、除虫、搭建风障、间苗、补植枯死、损坏或丢失的树木花草,经常防范人为破坏和牲畜的践踏、啃咬,经常清扫及清除垃圾,保护好环境。

(4)公路绿化养护要求

草坪养护标准是使绿草生长旺盛、整齐美观,无疯长和生长不均现象;除枯草期外应保持常绿,覆盖率达到95%以上,植草高度不得高于10cm。重点注意灌溉、修剪、除杂草、病虫害防治、填平补洼和垃圾清理等五个方面。

花坛及花灌木,生长势强,枝叶健壮、叶色正常、无枯枝残叶,无严重病虫害,植株整齐一致,造型美观,修剪工艺精细,花卉花多色艳;花坛轮廓清晰,无残缺,绿篱无断层,无杂草。重点注意整形修剪、灌溉、除草、病虫害防治、补植、改植等六个方面。

乔木养护:乔木的养护标准是生长良好,枝叶健壮,树形美观,行道树上缘线和下缘线整齐,修剪适度,体量适中,无倒伏歪斜,无影响架空线路及存在安全隐患的树木,无死树缺株,无枯枝,无明显树钉,景观效果好。重点注意修剪、灌溉、施肥、病虫害防治、树干刷白,防止自然灾害引起植物损害。

7.9 绿化工程计量

1)工程计量原则

(1)绿化计量同其他工程一样,必须遵循以下原则:

①不符合合同文件要求的工程不得计量。

②按合同文件所规定的方法、范围、内容、单位进行计量。

③按监理工程师同意的计量方法计量。

(2)计量时间要求

监理工程师应按工程细目、及时对完成且质量合格的工程进行计量,并且对一切进行中的工程,均须每月粗略计量一次。工程完工后再根据规范的条款进行精细的计量,并填制“中间”计量单。

(3)计量单位和精度要求

计量单位以物理计量单位为主,自然计量为辅。物理计量单位,其中长度常用m、延米、km,面积常用m^2、km^2、ha,体积常用m^3、km^3,质量常用g、kg、t;自然计量单位常用个、片、座、株,而时间单位常用日、星期、月、年等。

关于计量精度,为方便起见,浮点数一般四舍五入至小数点后恰当的位数。应对不同的细目分别作出统一的规定。

2)计量依据

(1)设计图纸和清单工程量

以设计图纸、工程量清单和监理同意的设计变更为依据,多出的部分不予计量。尤其对于绿化工程,承包人为保证总成活率多种一些,在验收时,计量监理工程师只验收工程量清单中的规定数量。

(2)各工序的中间交工质量认可

计量前承包人完成的阶段工程或最终工程,必须符合技术规范,符合质量和进度要求,并经监理工程师对各工序的中间交工质量认可。例如苗木到场合格证书、定点定位合格证书,以及种植、浇定根水、支撑等工序的合格证书或口头认可的记录等,这些都是质量保证和付款的依据。

3)绿化工程工程计量方法

绿化工程计量方法,有图纸法、抽样检查法、逐一清点法、分项计量法等,同时还经常采用与主体工程一样的凭证法、均摊法、估价法等其他一些方法。

(1)图纸计量法

对于规则和整齐的种植,可采用设计图纸法进行统计,配合现场的抽样检查法。如果设计图纸与实际抽样差别较大时,往往需要进一步采用更精确的逐一清点的方法进行计量。

(2)逐一清点法

对于单价较高的大、中型树木和珍贵树种,绿化灌溉的喷洒材料等，应该采用逐一清点的方法，核实质量和数量。

(3)分项计量法

绿化工程中有关子项目进度不一，就可能将先后完成的草地、灌木、乔木等分项分次进行计量。一般达到一定工程量时，考虑到结款需要，监理应安排有关计量。

绿化项目的计量单位：草地和部分成片成带种植的小灌木，为"m^2"；一些小灌木和大、中型灌木、乔木，为"株"。计价时，包括材料、运输、放线、挖坑、种植以及防治病虫害、修剪等管护等有关作业的价款。如果承包人没有进行某些工序的工作，进行计量结果的汇总时，监理应提出扣减相应工序的工程量。

4)绿化工序计量次数和时间

(1)计量次数

一般绿化工程，多在质量保证期1年的情况下，分为2~3次阶段计量，分别为：种植量计量，秋季管护计量，春季或竣工管护计量。假若质量缺陷责任期为2年，一般第二年夏季的阶段管护期满后计量，经过冬季的阶段管护期满后的春季计量。如果由于种种原因，草地、灌木、乔木进度不一，就可能需要分项计量，次数也会增加一些。

(2)计量时间

绿化工程计量时间，一般为种植完成后的30~35d。既不能着急，也不应拖延。经过夏季后的秋季管护的计量，可以检查夏季成活率等生长情况。

经过冬季后的春季或竣工管护计量，检查竣工的合格工程量，为交工验收准备有关资料。

7.10 绿化工程验收

绿化工程验收，分中间验收、初步验收和交工验收。

1)中间验收

绿化工程中间验收，属于工程质量过程验收，只有把住过程质量,才能确保最终工程质量。过程质量验收,应把住种植材料质量、种植土和肥料质量,并应进行分批验收。对于施工操作质量,应检查以下内容:

(1)在挖穴、槽前,应检查种植植物的定点、放线质量,是否符合设计要求。

(2)在未换种植土和施基肥前,检查穴、槽规格和质量。

(3)检查更换的种植土和施肥质量。

(4)草坪和花卉的整地,应在播种或花苗(含球根)种植前完成。

(5)工程中间验收,应分别填写验收记录并签字。

2)初步验收

在植物生长季节种植的,施工完成后逐次按招标文件中规定的各种不同种类苗木的验收时间进行,并提交验收申请报告。在完成验收后便转入第二年的缺陷责任期养护。

3)交工验收

交工验收在2年的缺陷责任期满后进行。

(1)施工单位在交工验收前1个月,应向监理工程师提交交工验收申请报告,包括各种量化数据。

(2)工程量验收应按绿化设计要求,对完成的绿化里程、绿化面积、各种植物的数量进行验收。应与设计竣工资料相符合。

(3)绿化施工的质量验收,应按照绿化设计及规范要求,对绿化工程整齐、美观,绿化种植要适宜,植物生长良好。发芽率、成活率、覆盖率及绿化效果进行交工验收。

8 绿化常用植物种类

8.1 河南丰富的绿化植物

河南地处中原,西北有太行山、南有桐柏山、大别山,西有伏牛山。其土壤类型,有高山和山间盆地、有土质和石质丘陵,有黄土高原,有冲积平原,土壤肥沃,还有零星盐碱地和沙地。再加上地跨北亚热带和暖温带两个气候带,气候温和,冬冷夏热,四季分明,冬长寒冷雨雪少,春短干旱风沙多,夏日炎热雨丰沛,秋季晴朗日照足,适宜和利于多种植物的生长。

河南的植物种类繁多,有南暖温带落叶阔叶林地带,广泛分布的植物,如:油松、白皮松、毛白杨、旱柳、榆、臭椿、椴树、桑等。北亚热带常绿、落叶阔叶林树种有栎林、麻栎林、青冈、大叶楠、山胡椒、望春玉兰、枫香、油茶、油桐、杉木、柳杉、黄杜鹃、光叶海桐等。在高山地带,可划分为三个垂直带,海拔 1000 ~ 800m 为黄山松林带;海拔 800 ~ 400m 为栓皮栎林、马尾松林带;海拔 400m 以下为马尾松、杉木林带。

在平原区里,有大面积的农桐、农枣作物,在砂荒、沙丘地上营造有刺槐、白蜡、紫穗槐等防风固沙林及农田防护林。

以上种类繁多的物种,为公路绿化提供了丰富的绿化材料。按自然环境不同,这些绿化材料,大致可分为四个区域:

(1)黄淮海平原栽培植被区。

(2)豫西、豫西北山地、丘陵、台地落叶阔叶林植被区。

(3)伏牛山南坡山地、丘陵、盆地为常绿落叶阔叶林区。

(4)桐柏、大别山里丘陵、平原常绿落叶阔叶林植被区。

8.2　公路常用绿化物种

8.2.1　草本植物

(1)狗牙根草

狗牙根草,俗称铁线草,属于阳性草种,喜湿耐热、耐阴和寒,草叶绿低矮,匍匐茎蔓延生能力强且分枝多,

绿叶期较长,可用于公路边坡固土护坡、园林绿化。

(2)白三叶草

白三叶草为1年、2年、3年生或多年生草本植物。喜欢温凉、耐阴、湿润气候,适宜温度为16℃～25℃,不耐旱,适应于亚热带夏季生长。广泛用于公园绿化,可用于边坡绿化。

(3)红花酢浆草

红花酢浆草,是多年生草本植物,株高10～20cm,根为球状,白色透明。喜欢向阳、温暖、温润环境,能抗旱、不耐寒。对土壤适应能力较强,以含腐殖质土砂质壤土生长旺盛,夏季有短缺休眠。适宜大面积栽植。

(4)丛兰花

丛兰花系阳性耐半阴低温,喜欢肥沃土壤,排水良好,用于布设花坛镶边,疏林地被,服务区、立交区域绿化。

(5)二月兰花

二月兰花草的花为淡紫色,花期3～5月,喜欢半阴、潮湿气候,耐寒。可作为疏林植被,林缘绿化。

(6)野菊花

野菊花是多年生草本,高达1m。茎基部常匍匐,上部多分枝。花小,黄色、或粉红色,花期9～11月。生于路旁、山坡、原野瘠薄土壤。全国大部分地区有分布。

(7)紫花苜蓿

紫花苜蓿系多年生草本植物,其根系强大,入土较深,枝数发达。喜欢温暖、半干半旱气候,幼苗能耐零下5℃气温,成株能在

零下30℃越冬。该物种对土壤选择不严,但不耐强酸、强碱,适合pH =6.5 ~8,宜在含盐量0.3%的土壤上生长。

(8)白沙蒿

白沙蒿属菊科,系耐盐碱半灌木,其特征耐旱、耐风蚀、沙埋、耐瘠薄等。可在pH值8.2 ~8.4,含盐量0.06% ~0.4%,0.015% ~0.116%的氯化物硫酸盐型土壤上播种出苗、生长、结实。

(9)星星草,别名小花碱茅。

星星草是盐碱地指示植物,属于禾本科,中繁禾、多年生牧草。须根系发达,耐寒、耐旱,耐瘠薄。多集中于0 ~20cm的表土中,具有较强的抗盐碱能力,在pH值8.8盐渍土上,能很好的生长发育。

(10)黄花草木樨

黄花草木樨为豆科草木樨,属1年生或2年生牧草。其特征更抗旱,耐寒,为长日照牧草。抗碱性强,在硫酸盐型土壤上,0 ~30cm土壤含盐 <1.0%可生长。土壤含盐量 <2.0%,可出苗,幼苗生长正常。

(11)弯叶画眉草

喜温暖湿润气候,抗旱耐贫瘠,是华南、西南地区重要的水土保持植物。

8.2.2 灌木和小乔木材料

(1)野蔷薇

野蔷薇落叶灌木,喜光、耐寒,对土壤要求不严,在重黏土上也可正常生长。可作为花篱材料,在公路边坡上丛栽,具有水土保持功能。

(2)荆条

荆条是落叶灌木或小乔木。荆条喜光、耐寒、耐干旱、耐贫瘠,适宜坡地生长。

(3)夹竹桃

夹竹桃系灌木或小乔木,丛生物种。夏季开花,花有香气,花色有红和白两种。该物种喜欢阳光,适宜温暖、湿润的气候,有抗污染的能力。

(4)火棘

火棘春天花为白色,秋冬果红。属于阳性物种,喜欢暖气候,不耐寒,耐修剪。基础种植、丛植,系绿篱材料。

(5)丝兰

丝兰茎短,叶基部丛生,呈螺旋状排列,直立高1~1.5m,具有抗污染能力,能在二氧化碳浓度0.15ml/m^3 环境下生存,可作为立交桥、管理区、服务区的观赏材料。

(6)风花月季

风花月季,属于常绿或半常绿直立灌木,皮带刺呈钩状。它对环境适应能力颇强,对土壤要求不严,最适宜在富含有机质土壤里生长,喜欢温暖气候,适宜粗放管理。可作为立交桥、管理区、服务区的观赏材料。

(7)藤本月季

藤本月季为落叶灌木,呈藤状或蔓状,姿态各异,可塑性比较强。该物种喜光不喜阴,光线不足时蔓茎变细弱,花朵变小,花量减少,花色变淡,最佳生长温度为15~25℃,低于5℃开始休眠,高于33℃花质变差。可作为立交桥、管理区、服务区的观赏材料。

(8)绣线菊

绣线菊的枝叶开展,小枝光滑或幼时有细毛。喜光略耐阴,生长强健,适应能力强,耐寒、耐旱、耐贫瘠。在湿润、肥沃土壤生长旺盛。可作为立交桥、管理区、服务区的观赏、花篱、丛植、花境、小路角隅门庭两侧绿化材料。

(9)丁香

丁香小圆枝叶,髓心实。丛植,喜温暖、湿润、阳光充足,具有一定耐寒力,能露地安全过冬,每年能正常生长、开花、结实。为立交桥、管理区、服务区的观赏物种。

(10)小叶女贞

小叶女贞系半常绿灌木,属于中性物种,可抗污染,喜温暖气候,比较能耐寒,可作为庭院观赏、绿篱材料。

(11)金叶女贞

金叶女贞,喜光、喜温暖湿润气候。能耐高温,属于观叶植物,也可作为绿篱、基础种植。

(12)大叶黄杨

大叶黄杨枝叶紧密,叶面深绿有光泽,属于中性物种。它喜欢湿润气候,能抗毒气体。观叶植物,可作为绿篱、基础物种。

(13)珊糊树

珊糊树为常绿灌木,喜欢温暖湿润气候、阳光充足环境。比较能耐寒,稍耐阴,适宜在肥沃的中性土中生长。树枝叶茂密,春季开出一串串小白花,夏季红果累累,鲜艳诱人,可用于整修成绿墙、绿篱、绿门。

(14)紫叶李

紫叶李属于落叶小乔木,高可达8m。喜光、温暖湿润气候,光照充足处叶色鲜艳,稍耐寒,但在冬天须保护过冬。可在粘质土中生长,根系较浅生长旺盛,萌芽力强。

紫叶李叶常年红紫色,春秋更艳,观赏树种,宜与其他树种配栽,形成万绿丛中一点红的效果。

(15)紫薇

紫薇属于落叶灌木或小乔木,高可7m。喜光、湿润气候,稍耐阴,有一定抗寒、抗旱能力,喜碱性肥沃土壤。萌芽力强,不耐涝。紫薇花能达百日之久,又称百日红。其形、干、花皆美,可作为观赏植物,栽于建筑物前,庭院、道路、草坪边缘。

(16)石楠

石楠属于常绿灌木或小乔木，高4～6m。喜温暖湿润气候，阳光充足的环境，能耐短期-15℃低温。要求上层土壤深厚、肥沃，排水良好的砂质土壤，也耐干旱、贫瘠，不耐水湿。适宜孤植、丛植或作基础种植。

(17)丝棉木

丝棉木属于落叶小乔木或灌木，树冠圆形或卵圆形，属于暖温带树种，喜光、稍耐阴、耐寒、耐旱，适宜肥沃、湿润之地、中性土、微酸性土生长。根系发达。可配植庭院服务区、水池边，亦可做绿荫树栽植。

(18)枇杷

枇杷系常绿小乔木，高可达10m，树形整齐、美观，叶大荫浓，常绿而有光泽，冬日百花盛开，初夏黄果累累，适宜庭院栽植。喜光、稍耐阴、喜欢温暖气候及肥沃湿润和排水良好的土壤，不耐寒冷，属于庭院绿化果树。

(19)黄栌

黄栌是落叶灌木或小乔木，树冠圆形或伞形，秋季变红。黄栌属于中性，喜温暖气候，耐寒、耐旱，怕涝，可作为庭院绿化、边坡防护材料。

(20)侧柏

侧柏是常绿乔木和灌木，属于温带阳性树种，喜欢湿润、肥沃、排水良好的钙质土，耐寒、耐旱，抗盐碱、抗污染。在干燥、贫瘠的山地生长缓慢，浅根但侧根发达，平地、悬崖均可长。属于观赏树种，常植于寺庙、陵园、庭院。

(21)南天竹

南天竹是常绿灌木，多生于湿润的沟旁，疏林下灌木丛中，属于钙质土壤指示植物。喜温暖、多湿及通风良好的半阴环境，稍耐寒、耐碱。它是石灰岩钙质土指示植物，观赏植物材料。

(22)胡枝子

胡枝子花为紫色，喜欢向阳，能耐旱、耐寒，适宜贫瘠土壤，在公路可用于护坡防护，作为林带或立体绿化的下层物种。

(23)沙棘

该树种为胡秃子科沙棘，属落叶灌木，高1～4m。其特征耐盐碱、喜光、耐水湿、适应性强，生长较快，具根瘤，

(24)酸枣

酸枣属落叶灌木，高1～5m。喜光、耐寒，极抗旱、稍耐盐碱，喜生于海拔1000m以上的阳坡、平原、丘陵、固定沙地和砾石荒地。

(25)山杏

山杏别名野杏，属于蔷薇科、落叶小乔木，高达8m。树冠浑球形。喜光、耐寒、抗旱，根系发达，耐瘠薄，耐轻度盐碱。喜生于石质向阳山坡。

(26)枸骨

枸骨喜光，稍耐阴。耐寒力弱。喜气候温暖及排水良好的酸性肥沃土壤。常绿灌木或小乔木，经冬不落叶，系优良观果观叶树种。

(27)牡丹

牡丹喜光，而在遮荫下生长良好，花期适当，遮荫更可延长开花时间，使色彩分外鲜艳。较耐寒、喜凉爽，畏炎热，喜深厚肥沃排水良好之砂质土壤。牡丹花大而美观，香色俱佳，素被称为“花中之王”。

(28)迎春

迎春花喜光，稍耐阴；较耐寒，可露地栽培；喜湿润，也耐干旱，怕涝；对土壤要求不严，耐碱，除洼地外均可栽植。根部萌发力很强，枝端着地部分也极易生根。植株铺散，枝条鲜绿，不论强光及背阴处都能生长，冬季绿枝婆娑，早春开花。

(29)海桐

海桐喜光,略耐阴;喜温暖湿润气候及肥沃湿润土壤,耐寒性不强,华北地区不能露地越冬。对土壤要求不严,黏土、沙土及轻盐碱土均能适应。萌芽力强,耐修剪。通常用作房屋基础种植及绿篱材料,孤植、丛植于草坪边缘、林缘或对植于门旁、列植路边也很合适。

(30)木槿

木槿 喜光,能耐半荫,喜温暖湿润气候,抗寒性弱,耐干燥及贫瘠土壤。耐修剪,抗烟尘,抗有害气体的能力较强。

适应性强,夏秋开花,花期长而花大,为夏季很好的观花灌木,常用作基础栽植。

(31)金银木

金银木性强健,耐寒,耐旱、喜光,亦耐阴;喜深厚肥沃土壤。树势旺盛,枝叶丰满,初夏开花有微香,秋季果实呈红色亦很美观,为良好之观花、观果灌木。

(32)龙柏

龙柏喜光但耐阴性很强。耐寒、耐热,对土壤要求不严,能生于酸性、中性及石灰质土壤上,对土壤的干旱及潮湿均有一定的抗性。耐修剪又有很强的耐阴性。下枝不易枯,冬季颜色不变褐色或黄色,且可植于建筑之北侧阴处。

(33)榆叶梅

榆叶梅喜阳,耐寒,对土壤要求不严,以轻壤土为好,耐碱土。抗旱,不耐水涝,也不喜庇荫。叶茂花繁,瓣重色艳,属于北方观花灌木。

(34)元宝枫

元宝枫系弱阳性,耐半阴,喜生于阴坡及山谷,对土壤要求不严,耐旱不耐涝,抗污染。宜作庭荫树及行道树。

(35)沙地柏

沙地柏喜光,耐旱、耐寒、耐瘠薄,可作水土保持及固沙造林树种。

(36)白蜡

白蜡喜光,稍耐阴;喜温暖湿润气候,也耐寒;喜湿耐涝,亦耐干旱;对土壤要求不严,在石灰性土壤、酸性及中性土壤均能生长;耐修剪,耐移栽;深根性,抗风力、抗烟、抗毒气均强,对氯气,二氧化硫、氟化氢有较强抗性。可用行道树或防护林及河岸护堤。

8.2.3　藤本植物材料

(1)金银花

金银花属半常绿缠绕藤本植物。喜欢阳光,稍为耐阴。能耐寒、湿、旱。不择土壤,适宜上层深厚的沙质土壤中生长。

(2)藤本卫矛

藤本卫矛属于常绿物种,系属温带植物,比较耐寒,喜欢湿环境,适应性比较强,垂直绿化材料,具有观赏性,可采取粗放管护。

(3)三叶地锦

三叶地锦物种,属于落叶藤本植物,能攀墙攀石能力极强,垂直绿化材料。喜光,稍耐阴,耐寒、耐旱,对土壤和气候适应能力极强。

(4)五叶地锦(爬山虎)

五叶地锦分枝紧密,喜光,耐阴,对土壤和气候适应能力强,宜在肥沃的沙质地生长,且长势旺盛、迅速,适应性强,夏季碧绿,入秋后红叶色彩可观,垂直边坡绿化材料。

(5)常春藤

常春藤是常绿攀缘藤本植物,耐阴,喜温暖、湿润环境,稍耐寒,能耐短暂的 -5 ~ -7℃低温。对土壤要求不高,喜欢肥沃疏松的土壤,气生根可攀附假山、墙壁上,枝叶悬垂,如同绿帘。

(6)络石

络石属于常绿藤本物种,茎长达10m,有气生根,嫩枝有柔毛。喜欢半阴、温暖湿润的气候环境,是优美的垂直绿化树种。

(7)扶芳藤

扶芳藤系常绿藤本植物,喜温暖、耐阴、较耐寒、耐旱、耐贫瘠,适应性强,对土壤要求不高,可攀附他物生长。

8.2.4 常绿乔木材料

(1)大叶女贞

大叶女贞属于常绿乔木,树冠卵形。适应能力强,喜光、稍耐阴,喜欢温暖湿润气候,稍耐寒,不耐干旱和贫瘠,适宜生于肥沃深厚、湿润的微酸性至微碱性土壤。根系发达,萌芽能力强,耐修剪,抗腐蚀能力好,适应于城市气候。

(2)湿地松

湿地松树干通直,系强阳性物种,适宜温暖气候,较耐水湿和碱土,可忍耐短期水淹、不耐旱,故得其名。根系发达,抗风力强,喜欢深厚肥沃的中性至强酸性土壤。它苍劲、速生,材质好,松脂产量高,可作为风景林,丛植、群植,宜植于河边。

(3)蜀桧

蜀桧树冠为尖塔形,枝常向上直展,雌雄异株。喜光、耐热、耐贫薄,有一定的抗干旱和潮湿能力。在酸、中、碱性土中均能生长。但喜深厚,排水良好的中性土,深根,侧根发达,树形端正,丛植、群植,耐修剪又耐阴。

(4)广玉兰

广玉兰为常绿乔木,高可达30m,卵状圆锥形树冠,根系发达。喜光、幼时稍耐阴,适宜温暖湿润气候,有一定抗寒能力。适宜高燥、肥沃、湿润、排水良好的微酸或中性土壤。能抗污染、抗风,树干挺拔,树势雄伟,适应能力强,属于珍贵物种。可孤植树、对植、丛植树、群植,可作为行道树种。

(5)桂花

桂花树终年常绿,树高约15m,树皮粗糙。树形为椭圆形。桂花喜温暖和通风的环境,不耐寒。适宜土层深厚、排良好,富含腐殖质土、偏酸性沙壤土,忌碱性土和积水。花期9~10月,正值仲秋,有"独占三秋压群芳"的美称,园林中常植孤树、对植,也可成丛、成片栽植,是盆栽观赏还好材料。

(6)香樟

香樟树干通直乔木,叶色翠绿,树冠卵形,树姿苍翠。发出樟脑香味。喜弱阳性,温暖湿润环境,比较能耐水湿,抗污染。根深可抗海潮风。属于欣赏物种,作为庭院绿化、城市行道树的优良树种。

(7)河南桧

河南桧系常绿乔木,高可达20m,树冠为尖圆锥形。喜光幼树耐阴,抗寒、抗热、耐湿、耐贫瘠,抗微碱,适应性强,易栽培。适宜肥沃、沙质黏土壤,不耐水淹。枝柔茂密,叶色碧绿,四季常青,耐修剪,易造形,独具特色。适宜公园庭院孤植、行植、丛植、绿篱,是极好的欣赏物种。

(8)刺柏

刺柏是常绿乔木和灌木,树冠塔形,大枝斜展直深,小枝下垂,叶子条形,轮生、果实球形。适宜中性偏阴,温暖多雨气候及钙质土。用于园林栽植,用材树种。

(9)火炬松

火炬松紧密丛生成火炬状,秋后树叶变红,十分壮观。喜热耐旱,抗寒耐贫薄盐碱土壤,根系发达,能固堤、固沙水土保持,生于河谷、堤岸、沼择旁边,适应能力极强,属于城市绿化低成本的苗木。适宜空气相对干燥,昼夜温差小,环境污染、光照较弱、土壤板结、透气性差,肥力差的立地条件。

(10)棕榈

棕榈耐阴树种,在落叶阔叶大树下,生长较好。喜温暖多雨、黏质肥沃湿润的土壤,在疏松的干燥砂土及低洼水湿地方生长较差。树干通直为分枝,树冠伞形,叶大如扇,体形挺拔常绿。

(11)雪松

雪松系阳性树,但有一定的耐阴能力,喜凉爽,空气湿润,对温度异变适应能力相当强,耐旱。喜土层深度、排水良好的中性、微酸性土壤;对微碱性土亦可适应。树体高大,树形优美,为世界著名观赏树之一。最宜园林、街道、庭园孤植。

(12)油松

油松喜光,强阳性树,喜干燥,寒冷气候,能耐 -30℃低温,在 -40℃以下,则会有枝条冻死。耐干旱、瘠薄,不耐水湿及盐碱,宜排水良好的砂地。油松树干挺拔苍劲,四季常青,树冠开展,年龄愈老姿态愈美,有庄严雄伟风韵。

8.2.5　落叶乔木材料

(1)麻栎

麻栎又称橡树,落叶乔木。麻栎阳性,适应能力强,耐干旱瘠薄,抗风力强,生长快。可作为庭院荫树。

(2)黄连木

黄连木属于落叶乔木,株高 10~20cm。喜光、幼时耐阴;喜温暖,畏严寒,弱阳性,耐干旱瘠薄,适宜微酸性的砂质、粘质土,而以肥沃、湿润,排水良好的石灰岩山地生长。深根、主根发达,具有良好的抗蚀能力。可作为庭院、行道树材料。成片栽植时,可形成大片红页林。

(3)楝树

楝树落叶乔木,属于阳性物种,喜温暖气候,对土壤适应能力强,能抗污染,生长迅速,寿命短。适宜作庭院树阴、行道书、防护林材料。

(4)千头椿

千头椿属于落叶乔木,高可达 30m,胸径达 1m。千头椿强喜光,适宜冷气候,能耐久 35℃低温,对土壤适应能力强,耐干旱、耐贫瘠,能在石缝中生长,是石灰岩地区常见树种,根深、生长快,蘖性强，抗风沙、耐烟尘强，寿命可达200年。适宜公路行道树、公路树物种，适宜于常绿树混植，增加空间线条。

(5)龙爪槐

龙爪槐是槐树的变种，枝叶下垂，树冠伞状，花黄白色。阳性，稍耐阴、耐寒，作为庭院绿化材料

(6)臭椿

臭春树高大，落叶乔木，树冠半球形，树姿雄伟，枝叶茂密，春季嫩芽紫红色。属于阳性物种，耐干旱贫瘠，耐盐碱，抗污染，不耐水湿，深根、生长快，少病虫。可作为庭院、行道树物种。

(7)悬铃木

悬铃木落叶乔木，树干高大，枝叶茂盛，生长迅速，高可达30m。悬铃木属于阳性树，喜光不耐阴，适宜深厚、肥沃、湿润的土壤，发芽快、生根慢，具有一定抗寒力、抗烟尘，宜作为庭院绿化、行道树。享有“行道树”之王的称号。其特点：易成活、耐修剪，抗污染。

(8)榆树

榆树属于落叶乔木，高可达25m，树冠呈圆球形。榆树喜光、耐寒、耐旱，不耐水湿。适应于干凉气候，适宜肥沃、湿润、排水良好的土壤，在干旱、贫瘠和轻盐碱土地上也能生长，30年树高17m，雄径42cm，寿命可达百年。城乡绿化主要树种，也是防护林重要物种。

(9)国槐

国槐属于落叶乔木，树冠球形庞大，枝多叶密，花期较长，绿荫如盖。国槐树属于阳性物种，耐寒、抗性强，耐修剪。多用于庭院和行道树绿化。

(10)水杉

水杉属于落叶大乔木，高达35～42m胸径1.6～2.4m.树主干直，树冠塔形。多生长于海拔1000m左右，土壤深厚、潮湿多水的山地。属于喜光树种，能耐侧方遮荫。喜欢湿润气候，能耐

-25℃低温。

水杉树冠整齐，树姿优美挺拔，叶色秀丽，最适宜堤崖、湖滨、池旁列植、丛植、群植林带和片林。

(11)泡桐

泡桐落叶乔木，高可达27m，树冠宽阔，广卵形或圆形。泡桐为强阳性物种，喜温凉气候，速生，相当于其他树的4倍、不耐寒、不耐水涝，不适宜在黏重土生长，喜欢疏松深厚，排水良好的土壤，能抗污染。

(12)三角枫

三角枫乔木，属于弱阳性植物，喜温湿气候，耐水湿、耐修剪。可作庭院树阴、行道树、护岸书、绿篱材料。

(13)毛白杨

毛白杨，别名大叶杨。为落叶乔木，树干通直，高达40m、胸径1m以上。它属于温带树种，要求凉爽湿润气候，耐寒性较差，喜光。在早春昼夜温差悬殊的地方，树皮常发生冻裂，产生“破肚子病”。稍耐盐碱，在土壤pH=8~8.5时，能够生长，pH=8.5以上时，生长不良。

(14)小叶杨

小叶杨，别名日月杨，为杨柳科杨、落叶乔木，高15m，树冠阔卵形。它适应性强，耐寒、喜光、耐旱、耐盐碱、耐干旱瘠薄，生长快、根系发达、繁殖容易。在地下水低的沙地和丘陵上生长不良，成“小老树”。在有灌溉条件或地下水位高的立地上生长旺盛。

(15)群众杨

群众杨是杨柳科杨树，属落叶乔木，树高25m，树冠近塔形。它树干通直、树冠小、生长迅速、适应性强、耐盐碱、耐干旱等优良特性，是防护林、轻度盐碱地造林的杨树良种。群众场生长期长，耐干旱瘠薄。耐盐碱。抗病虫害能力较强。

(16)刺槐

刺槐,别名德国槐,为豆科蝶形花亚科刺槐,属高大落叶乔木,树高25m。本种为温带较为优良的树种,喜光,为强阳性树种,不耐庇荫,喜湿润树种。在沙土、沙质壤土,甚至在矿渣堆及风化的石砾上均能生长,但以土层深厚、湿润、肥沃、疏松、排水良好的山沟,黄土高原的沟谷生长最好。耐干旱瘠薄,怕涝,对土壤要求不严,在酸性、中性及轻盐碱土上均能生长。

(17)银杏

喜光,怕蔽荫;喜适当湿润、排水良好、深厚的砂质壤土。不耐积水,尚耐旱,耐寒性强;根深,不怕疾风暴雨。生长较慢,寿命极长,有千余年大树。树姿雄伟壮丽,叶形优美,寿命长,病虫害少。

(18)柿树

阳性树,喜温暖气候,也很耐寒,有一定耐旱性与耐瘠土能力,亦能耐轻微盐碱土;以深厚肥沃疏松土地为好。根深、寿命长。树形态优美、叶大浓绿而有光泽,秋叶变红,尤为美观。果实为橙红色,可于枝上经久不落,观赏效果甚佳。

(19)栾树

栾树喜光,稍耐半阴,耐寒,耐干旱瘠薄;深根性,有较强的抗烟尘能力。树冠整齐,枝叶秀丽,春季嫩叶多呈红色,夏季黄花满树,秋叶鲜黄,果色艳丽果形奇物,为理想的观赏树。

(20)合欢

合欢树喜光,不耐寒,华北宜选小气候良好处栽培;耐干旱瘠薄,在湿润肥沃、排水良好之地生长较快,但耐涝性差,寿命不长。树形如伞,叶似翠羽,盛夏开花,花色鲜艳兼有香味,深受广大群众喜爱,常植为庭荫树或行道树,是优美的园林观赏树。

此外,刚竹也是一种好的绿化材料。刚竹竹径为4~8cm,秆直、淡绿色,属于著名的庭院观赏竹种。该物种为阳性物种,喜欢温暖、湿润气候,pH在8.5左右的碜土和含盐量0.1%的土壤亦能生长,能耐-18℃低温,可作为服务区、养路工区、立交区绿化材料。

9 公路绿化施工质量管理规程

公路绿化施工质量管理,包括对施工中所使用的原材料、半成品或成品及施工原始资料和记录,每阶段对每个环节都应进行质量检验,以确保施工质量符合设计要求。

监理工程师应根据合同文件及监理服务合同的要求,在施工准备阶段、施工阶段及缺陷责任期阶段,对工程质量、费用、进度和合同事宜进行监督和管理的人员。

9.1 绿化工程质量检查依据

在承包人与业主签订的合同文件中,其列出的总体绿化图、标准图、构造图以及表格、资料、说明,以及在施工过程中由监理工程师签署变更的文件,均作为绿化施工质量检查的依据和标准。对绿化施工最终质量,须检查以下指标:

(1)总盖度:是草坪覆盖地面的面积与总面积之比。盖度越大,草坪质量就越高。

(2)总密度:是草坪质量评定的最重要指标,用单位面积上着生草种的株数表示。

(3)均匀度:是用来评定草坪播种草种的均匀程度。

9.2 绿化材料质量检查事项

绿化材料质量检查,不仅检查绿化材料质量,还要检查材料来源,运输过程,一般采取取样或试验方法。

9.2.1 绿化材料质量要求

(1)所有苗木应首先选用本地区的苗木,如果必须购外地苗木时,必须经过地方检疫合格才能采用,检疫所需费用由承包人承担,业主不予另外支付。所选用的外地苗木必须引种驯化二年的

长时间因故停工或休假(7 天以上)重新施工前,或重大安全、质量事故处理完后,承包人应向监理工程师提交中间开工报告。

9.3.2　工程报告单

承包人应按合同规定向监理工程师提供工程报告单,报告单的主要项目为:各种测量结果,试验、材料检验、各类工程(分工序)检验、工程计量、工程进度报表或监理工程师指定需要提供的其他资料报告。

9.3.3　检查施工方案、施工组织设计

1)按合同条款规定,承包人在签订合同协议后的 28 天内,应根据投标文件确定的施工组织规划和监理工程师的指示,编制实施性的施工组织计划,其内容应包括:

详细的施工组织、现场布置、施工方案、工程进度计划、资源(劳动力、机械设备、原材料)供应计划、资金流量计划、质检体系与质量保证措施、安全保证措施等等报监理工程师审定。

2)工程进度计划的编制,应采用关键线路法(GPM)或监理工程师确定的其他方法。

(1)所提交的网络图的一切主要活动,应与工程量清单中的项目一致。关键线路与里程桩的相关联系,必须清楚地标明。

(2)年度、月度的任务(工程量和价值)、资源需求及累计进度,必须标注清楚。

(3)提交计划时,应将制订依据、资金流量、资源提供柱状图表以及使用的输入数据的副本一并提交。

3)在工程实施过程中,承包人应根据总体计划和监理工程师的指示与要求,及时提交总体、月度、周施工计划,经监理工程师批准后执行。如果这些计划引起总体计划的必要调整和变动时,承包人应连同修订的总体计划一并提交。修订的总体计划应保证合同规定的总工期不变。

4)施工方案包括形象进度图(柱状图表)和资金流量表,如出现以下情况时，应予以修改，即：

(1)承包人改变了方案的关键线路，或改变了其建议的施工程序。

(2)施工期无任何理由产生延误。

(3)实际工程进度与计划进度严重不符，以及监理工程师认为有必要修改时。

5)分项工程施工计划

承包人应根据总体施工计划和年度计划，制订各分项工程的施工计划，并在该分项工程开工前14天报请监理工程师批准。

承包人在施工过程中必须严格执行监理工程师批准的施工计划；若发现需要调整或修改时，应再次报请监理工程师批准。

如承包人未按批准的施工计划施工，监理工程师有权责令其立即纠正，或令其暂时停工。

6)承包人编制总体施工方案时，所使用的全套软件应经监理工程师批准，并向监理工程师提交备份，以供执行合同时使用。

编制施工方案柱状图表、资金流量表，以及提供软件所发生的一切费用，应由承包人负担，即应被认为是包括在合同单价之内，不另行计量与支付。

7)承包人必须按照施工组织设计的要求确保投入及时到位，监理工程师应依据合同条款督促其实施。

9.3.4 施工测量

(1)承包人测量绿化工程用地，确定核实工程量，如与图纸不符时以实地测量为准，并得到监理工程师书面认定方可施工。

(2)在合同执行期间，当监理工程师需要时，承包人应为监理工程师提供所需要的辅助测量员、司仪员和助手，费用由承包人支付。

(3)各合同段衔接处的测量，应在监理工程师的统一协调下，由相邻两合同段的承包人共同进行，将测量结果协调统一在允许的误差范围内。

9.3.5　工程记录

承包人应自费保存工程进度、隐蔽工程、试验报告、障碍物拆除以及所有影响工程的记录，包括材料、设备的来源，以便今后需要评定工程进度和工程质量时查阅。这些原始记录将和竣工图纸一并完成，并经监理工程师批准后，提交给监理工程师作为业主的财产。

9.3.6　关于工程附近的建筑物和财产的保护

承包人应谨慎施工，防止工程附近的建筑物、栅栏、道路和植被等财产的损坏，除非监理工程师另有指示外，在工程附近的任何建筑物、财产，未经监理工程师批准不得拆毁和移动。

在工程施工期间，在开沟、挖方及拆毁原有建筑物和泵房等操作时，承包人均应及时采取支撑，或安设支架措施，避免影响附近的建筑物和财产的安全，如果由于工程施工产生建筑物下沉，或因振动而使财产损坏，承包人应按照监理工程师的意见予以补救，直到监理工程师满意为止，并有责任对损坏部分给予补偿。所发生的一切费用均由承包人支付。

9.3.7　竣工图

当工程接近完成时，承包人须按照竣工文件编制要求及规定，编制竣工文件(包括原始施工记录资料)，制订工程竣工后管理方案及实施细节，并提交给监理工程师。

9.3.8　计量与支付

1)计量

竣工文件的编制及与此有关的一切工作，经监理工程师审查批准后，以总额计量。

2)支付

承包人提供的竣工文件，在监理工程师检查验收后按合同支付。

3)支付细目,见表9-1。

支付细目表 表9-1

细目号	细目名称	单位	数量
101-1	竣工文件	总额	

9.4 撒播草种质量检查事项

撒播绿化施工技术,适用于立交区、服务区、收费站等或易于撒播种植的路段。撒播草种叶,应按照图纸所示的要求,或监理工程师所做的指示,进行撒播草种和施肥作业。

9.4.1 绿化材料

1)草种质量、播种时节

在高速公路生物防护工程中,撒播草种之前应试验草种的萌芽情况,其纯度和萌发率均应达到90%以上。

(1)承包人应按设计文件要求进行植草,无论承包人由何处获得绿化施工所需草籽,业主均认为其所有费用已包含在植草的材料费中,业主不单独支付承包人购买草籽所支付的诸如检疫费等相关的其他一切费用。

(2)如更换品种,应得到业主和监理工程师的书面认定。

(3)撒播草种季节以春秋季或雨季之前为宜。

(4)撒播之前应与气象部门密切联系,注视天气的变化,以免造成如补喷等不必要的损失。

2)绿化肥料

(1)应优先使用经过沤制的农家肥。

(2)如使用化肥时,应为标准农用化肥并按袋装提供。化学肥料应含有不低于10%的氮、15%的磷酸盐和10%的碳酸钾;或根据土壤肥力状况选定。

(3)混合肥料由10%的有机肥、20%的化肥、70%的表土均匀拌和而成。含有不低于上述有效营养成分的液体化肥也可使用。

(4)绿化用水

种植或养护植物用水,应无油、酸、碱、盐或其他对植物生长有害的物质,并应符合《农田灌溉水质标准》(GB 5084—1992)的要求。

9.4.2　绿化施工要求

1)地表面准备事项

(1)覆盖表土范围的地表面,应进行深翻,将土块打碎使成为均匀的种植土。不能打碎的土块,大于25mm的砾石、树根、树桩和其他垃圾应清除,并运到监理工程师同意的地点废弃。

(2)通过翻松、加填或挖除以保持地表面的平整。

(3)依照绿化设计的要求,先用推土机等机械设备将场地粗略整治,使绿地坡度不小于1.5%;当图纸对场地地形处理有特殊要求时,按图纸要求进行;砂质土排水坡度不小于1%。

(4)地面无天然表土或天然表土厚度小于图纸规定的厚度时,承包人应铺设表土,铺设厚度应符合表9-2的要求。当表土过分潮湿或不利于铺设时,不应进行铺设。除非另有规定外,表土铺设完成后,其表面标高应比路缘石、集水井、人行道、车行道或其他类似结构低25mm。

植物生长最小土层厚度　　表9-2

植物种类	植物生长的最小厚度(m)	植物种类	植物生长的最小厚度(m)
短草	0.15	浅根性乔木	0.60
小灌木	0.30	深根性乔木	0.90
大灌木	0.45		

(5)铺设上表土后,承包人应用机具将表土滚压,并形成至少深50mm的纵向沟槽。全部铺设面积应具有均匀间隔的沟槽,其方向宜垂直于天然水流,但监理工程师另有要求者除外。

(6)施基肥:松土前施入农家肥或腐殖质肥为宜,如用复合肥时其肥力应与农家肥肥力相当,不准使用化学单肥。施肥量每

100m^2 施用农家肥为 1m^3 左右。

(7)松土:松土深度不小于 30cm。

(8)浇水:植草(播种或栽草苗)之前必须整畦浇灌一次。

(9)播种或栽苗、种植草的品种,应是图纸所规定的品种及比例配比;如更换品种,应得到监理工程师的书面认定。

9.4.3 施工

种草应在土壤具有适宜温度情况下进行:

(1)草籽:承包人应按设计文件要求选择草籽。

(2)播种:为保证草坪建植的均匀、美观,在互通立交区内植草时,均要求采用机械或手动播种进行播种。

(3)覆盖:所有采用撒播种子绿化的施工作业面,草籽播种作业完成后,均应覆盖上无纺土工布,以遮蔽阳光直射,进行保湿利于种子萌芽、出土。

(4)施工季节:播草种季节应为春季、雨季或秋季;栽草季节,以春季最宜。

9.4.4 验收标准

总盖度达到95%以上为合格工程,其他具体验收标准,详见本章附录2。

9.4.5 后期养护

(1)在植物正常生长时期,应及时浇水、施肥、培土、修剪,防治发生病虫害,进行常规养护。

(2)缺陷责任期为两年。

9.4.6 植草工程计量与支付

(1)植草工程计量

播种的草皮工程量,均按验收完成成活的数量以 m^2 计算。重整排水坡度,松土、土质改良、铺设表土、种子、肥料、草苗、用水、用电等相关工作不另行计量。

(2)植草工程支付

按上述规定进行的计量,经监理工程师验收,并列入了工程量清单的以下支付细目的工程量,其每一计量单位将以合同单价支付。此项支付包括材料、劳力、设备、运输和养护、管理等及其他为完成绿化工程所必需的费用,是对完成工程的全部偿付。

初期质量检验合格后,经监理工程师同意,依据合同分期支付;终期质量检验合格后,经监理工程师同意,支付剩余余款。

(3)植草工程支付细目,如表9-3所示。

植草工程支付细目表 表9-3

项目号	项目名称	数量 m^2
104-10	草坪	
中分带、下边坡、碎落台	多年生黑麦草(3g/m^2)+高羊茅(10g/m^2)+白三叶(8g/m^2)或狗牙根	
立交区	多年生黑麦草(4g/m^2)+高羊茅(20g/m^2)+白三叶(6g/m^2)或狗牙根	
收费站、服务区	多年生黑麦草(3g/m^2)+高羊茅(低矮草坪型)(15g/m^2)+早熟禾(6g/m^2)或马蹄金草皮	

9.5 栽植树木、铺设草皮施工质量检查事项

栽植乔灌木、攀缘植物及铺设草皮,按照图纸所示或监理工程师指示,承包人进行种植乔木、灌木、攀缘植物和铺草皮等作业,并对以下事项进行检查。

9.5.1 材料

1)表土、肥料、水等应符合本章9.4.2条规定。

2)植物品种

(1)所有植物应考虑地区特点,选择适合于当地气候条件,易于生长的并有丰满干枝体系和根系发达。植物应无缺损树节、擦破树皮、受冻或其他操作伤害,植物外观应显示出正常健康状态,能承受上部及根部适当的修剪。无特殊规定或图纸标明,所有植

物应在苗圃进行采集。

(2)乔木应具有挺直的树干、良好发育的枝杈,根据其自然习性对称生长。不应有大于直径20mm未愈合的伤痕。

(3)在室内生长后适应于室外条件的、在盆内或其他容器提供的草皮及其他种植物,经过监理工程师同意后可以移植,但必须和野外植物一样。

(4)运到现场的乔木高度至少为2m,其胸径(树高出地面1.3m处)应不小于30mm。按图纸所示种在坡脚或沿边沟的灌木高度不小于1.0m。

(5)不允许采用代替品种,除非证实在承包期内的正常种植季节采集不到规定的植物的情况下,只有经监理工程师同意后,才允许种植代替品种。

3)用苗

如果采用分栽草苗时,每100m^2用苗数量,应为20~25m^2草苗(图纸中另有规定者除外),草苗必须是无缺苗草坪。种植草皮应具有耐旱、耐涝、容易生长、蔓面大、根部发达、茎低矮强壮和多年生长的特性。

9.5.2 施工要求

乔灌木和攀缘植物及铺草皮等各类植物,应在当地最适宜的季节进行种植,除非图纸上另有标明或监理工程师指示;土壤条件不适合种植时不应种植。

1)植物品种、检查及运送

(1)承包人应在种植前14天,向监理工程师提供有关种植物供应来源的全部资料,监理工程师可随时前来检查。所有种植物应符合现行关于植物病害及昆虫传染检疫的法规,承包人应送交监理工程师必要的全部检疫证明。

(2)从苗圃或采集场地运出前不少于7天,承包人应以书面通知监理工程师,在苗圃或采集场地挖移之前,应检查所有种植物。监理工程师同意挖移的植物,并不意味着最后验收。

(3)在运出植物之前,应由园艺人员按起苗、调运等技术要求负责将植物挖出、包扎、打捆,以备运输。任何时候,植物根系应保持潮湿、防冻、防止过热。落叶树在裸根情况下运输时,必须将根部包涂黏土浆,使根的全部带有泥土,然后包装在稻草袋内。所有常青树及灌木的根部,均应连同掘出的土球用草袋包装;运到工地及种植之前,这些土球应结实,草包应完好,树冠应仔细捆扎以防止枝杈折断。

2)定点放线

苗木种植位置要符合设计要求,定点标记要明显。

(1)作业施工人员接到设计图纸后,应到现场核对图纸,了解地形、地物和障碍情况,核对图纸所提供的定点放线的依据和方法。

(2)护坡道树木定点,一般以路缘或隔离栅作为定点放线的依据,可用皮尺、钢尺、测绳按设计规定的株距、每隔十株在两树中间钉一木桩,作为每株树木栽植的依据。在每株树具体位置上用镐刨一小坑,放入白灰,用脚踏实以表示坑位。定点放线如遇有电杆、管道、涵洞、变压器等物应错开位置,并按规定离障碍物有适当的距离再定点放线。定点后应由有关人员验点。

(3)绿地定点,可用仪器或皮尺定点,定点前先清除障碍,定点的方法可首先将绿地边界、道路、建筑物的位置标明,然后根据以上标明的位置就近订出树木的位置。

(4)对孤立树,装饰性的树群要用仪器或皮尺定点,用木桩标出每株树的位置,木桩上标明应栽植的树种和坑的规格。

(5)自然丛植的树木,可先用白灰线定出树丛的范围,在所圈范围内的中间明显处钉一木桩,标明树种、栽植数量和坑径,每株的位置用铣镐挖一坑或撒上白灰点作为刨坑的中心位置。

3)掘苗

(1)掘苗的质量标准:为保证树木成活,提高绿化效果,要选生长健壮、无病虫害、树形端正、根系发达的树苗。

①掘露根乔灌木的根系大小,应根据掘苗现场的株行距,树木的干径、高度而定。一般情况下乔木根系可按树木胸径的 8 ~ 10 倍,灌木根系可按树木高度的 1/3 左右,攀缘植物可参照灌木根系而定。

②掘常绿树的土球,可按树木胸径的 7 ~ 10 倍,或按树高的 1/3 左右确定规格,黄杨的土球可按树高 1/2 左右。

③具体规定如表 9-4 所示。

掘苗质量标准表　　表 9-4

类别	干径(cm)	根系或土球(cm)	打包的方式
乔木	3 ~ 5	50 ~ 60	
	5 ~ 7	60 ~ 70	
	7 ~ 10	70 ~ 90	
灌木	1.2 ~ 1.5	40 ~ 50	
	1.5 ~ 1.8	50 ~ 60	
	1.8 ~ 2	6 ~ 7	
	2 ~ 2.5	70 ~ 80	
常绿树	1 ~ 1.2	30 × 20	单股单轴,6 瓣
	1.2 ~ 1.5	40 × 30	单股单轴,8 瓣
	1.5 ~ 2	50 × 40	单股双轴间隔 8cm
	2 ~ 2.5	70 × 50	单股双轴间隔 8cm
	2.5 ~ 3	80 × 60	单股双轴间隔 8cm
	3 ~ 3.5	90 × 70	单股双轴间隔 8cm

④生长较慢的常绿树,如雪松、黑松等土球规格应加大一级采用,绿篱苗、桧柏、侧柏可降低一级规格采用。

⑤掘露苗根系切口要平滑,不得有劈裂根或将根拉断。

⑥掘带土球苗,应保证土球完好,土球要削平整,50cm 以上土

球底要小,一般不要超过土球直径的1/3,土球包装物要严,草绳要打紧不能松脱,土球底要封严不能漏土。

(2)掘苗操作方法

①凡从绿地掘苗时应进行号苗,号苗用颜色在所选树上做出明显标记。

②掘苗处土壤过于干燥,应在掘苗前3天浇水一次,待水渗下后再掘苗。

③掘露根苗,铁锹要锋利,需按规定根系掘苗,挖够深度后再向内掏底,将根铲断,放倒树木打掉土坨。掘苗时如遇较粗树根应用锯锯断。

④露根苗掘下后应立即装车运走,如不能运走,可在原坑埋土假植,并将根埋严,如假植时间过长应设法适量浇水,保持土壤中的湿度。

⑤在掘常绿树或灌木前应用草绳将树冠围拢,但不要过紧,以不伤害枝条为准。掘的根系和土球应保证规定的尺寸。掘前以树干为中心划一圆圈标明根系和土球大小,一般应比规定的尺寸稍大,掘时从圈外挖掘,掘土球的形状应似红星苹果形。

⑥掘土球时应先铲去表面浮土,去浮土以不伤树根为准。掘时在所划圈外挖沟,沟宽以便于操作为准,掘的沟要上下一样宽,随挖随修土球。应注意挖时脚不要踩土球,以免损坏土球。挖至规定的深度后再向中心掏底,要求直径50cm以上的土坨底部应留一部分不挖,以支撑土球。按形状挖好其后在其兜草绳处挖一小槽以利打包。

⑦打包:土球规格在40cm以下,土质坚硬可在坑外打包;土球虽在40cm以下但质较松软、沙性大、易散坨的和50cm以上的土球均应在坑内打包。

4)刨坑

刨坑、刨槽的质量标准应符合以下技术要求:

(1)刨坑、刨槽位置要准确,坑径应根据根系,土球大小、土质情况而定,刨坑刨槽要直上直下成桶形,不得上大下小或上小下大。

(2)坑径一般可比规定的根系或土球直径大 20～30cm,具体规定如表 9-5～表 9-9 所示。

(3)如土质不好含有有害物质石灰、沥青、土质过粘过硬,则应加大坑径 1～2 号。

落叶乔木类种植穴规格(cm) 表 9-5

胸　径	种植穴深度	种植穴直径	备　注
2～3	30～40	40～6	
03～4	40～50	60～7	
04～5	50～60	70～8	
05～6	60～70	80～9	
06～8	70～80	90～10	
08～10	80～90	100～110	

常绿乔木类种植穴规格(cm) 表 9-6

树　高	土球直径	种植穴深度	种植穴直径
150	40～50	50～60	80～90
150～250	70～80	80～90	100～110
250～400	80～100	90～110	120～130
400 以上	140 以上	120 以上	180 以上

绿篱种植穴规格(cm) 表 9-7

苗　高	种植深×宽		备　注
	单行	双行	
50～80	40×40	40×60	
100～120	50×50	50×70	
120～150	60×60	60×80	

花灌木类种植穴规格(cm)　　表 9-8

冠　径	种植穴深度	种植穴直径	备　注
200	70 ~ 90	90 ~ 110	
100	60 ~ 70	70 ~ 90	

竹类种植穴规格(cm)　　表 9-9

种植穴深度	种植穴直径	备　注
盘根或土球深	比盘根或土球大 20 ~ 40	40 ~ 60

(4)中央分隔带栽植苗木,应在通讯管道等设施施工完成后进行,挖坑、开槽前应明确通讯管线的位置及埋深,以避免对其产生影响与破坏。

5)换土、施肥

换土应换肥沃的种植土。肥料的要求见本规范第 4 节的有关规定。

6)装车、运苗、卸车、假植

装、运卸、假植树木时,均要保证树木根系、土球的完好,不得折断树木主尖、枝条,不要擦伤树皮,卸车后不能立即栽植的苗木,应埋土假植保护好根系。

7)栽植

(1)栽植质量标准

①为了减少水分蒸发,保证树木成活,栽植前对应树苗进行适量的修剪。

· 修剪时剪口必须平滑,并注意留芽位置;根部修剪剪口也必须平滑;对树冠进行修剪时,要符合自然树形和设计要求。

· 对主干明显的杨树类树苗,分枝点的选留,必须保持树木的主干正直生长。在集中绿地(如互通立交区)地带,分枝点高度一般为树高 1/2 ~ 1/3;行道树的分支点高度应为 2.2 ~ 2.8m。

· 灌木修剪应保持其自然树形,短截时树冠要保持外低内高,疏枝应保持外密内疏,对枯老、病虫、断枝应剪去。

②栽植位置要符合设计图纸要求，其技术要求如下：

·栽时树木高矮、干径大小要搭配合理，排列整齐；

·栽植的树木本身要保持上下垂直不得倾斜，树形好的一面要迎着主要方面，栽植行列树必须横平竖直，树干应在一条线上，相差不得超过半个树干，树木的高矮相邻树木不得超过50cm；

·栽植绿篱株行距要均匀，丰满的一面要向外，高矮、树冠大小，要搭配均匀、合理。

·栽植填土要分层填实，栽植深浅要适合，一般树木应与原土痕平，个别快长杨柳树可较原土痕深栽5cm。

·栽植带土球树木时，土球的包装物应尽量取出。

③按设计位置散苗，并注意保护根系、主干树尖、枝条和土球的完好，以保证树木的成活。

(2)中央分隔带上栽植

在中央分隔带上栽植时，按照施工图进行定点放线，统一挖好种植坑，其栽植技术要求如下：

①挖坑时表土与底土分别放置，如遇局部不适宜栽植的土壤，应分开堆放，堆土位置以不影响路容和栽植为宜。

②当种植土不符合种植要求时，请业主协调，由道路施工单位及时将渣土运走，并运进种植土。

③按施工图设计密度进行栽植。栽植之前应回填5～10cm表土，并拌和适量复合肥，栽好后做好土堰，浇定根水，将因浇水而倾斜的苗木扶正。

④修剪树苗时需经监理批准；修剪后保证苗木高度为行车路面以上1.5m；剪面齐整、美观，并及时将剪下的枝条、杂物清理。

(3)落叶和常绿乔木栽植

①清除地面杂物，整平栽植地，定点放线。对于施工图未标明单株位置的树林，确定种植挖坑范围时，必须按要求保证株行距。

②挖坑时以所确定的挖掘点为中心，按照苗木规格所规定的

尺寸，确定土坑的大小及深度。挖坑时，要求边缘垂直，上下口径一致，表土与底土分别放置，如遇局部不适宜栽植的土壤，对其处理方法，同8)(2)②款办法。

③栽植前回填5～10cm的表土，并拌和适量有机肥，在其上再覆盖5～10cm的表土，使根系不直接接触肥料，同时对苗木的根枝做必要的修剪，随后将裸根苗放在树坑的中央，以自然形态散开根系，在树坑四周及其上回填土并适当压紧。

④当回填土填到根系一半深度时，应将植物稍稍提起，随即再按每层厚15cm回填土并压实。

⑤带土球的苗木，先将土球上的包裹物去掉，栽植时将苗木栽在坑底放稳，回填土随即填在植物土球周围并踩实。

⑥栽植完毕后，在植物四周用土围成土堰，深约15cm。胸径大于6cm的树木，应设支撑。栽植完毕后，立即浇定根水，根据土壤墒情浇第二、第三次水，第三次浇水完后及时进行封堰。

(4)花灌木栽植

花灌木栽植时，应遵照本条(3)中①、②、③款要求办理。并按以下要求进行栽植：

①栽植前回填15cm表土，并拌和适量有机肥。

②栽植前对苗木的根枝做必要的修剪，在肥料上覆盖5～10cm的表土，使根系不直接接触肥料。

③根苗放在树坑的中央，以自然形态散开根系，在树坑四周及其上回填土并适当压紧，当回填土到根系一半深度，将植物稍稍提起，随即再按每层厚15cm回填土并压实。

④栽植完毕后，立即浇定根水。根据土壤墒情浇第二、第三次水，第三次浇水完后及时进行封堰。

⑤为符合观赏需要及植物生长需要，根据树木自身的生长特点，对花灌木进行整形修剪。

(5)大树移栽

大树移栽应遵循以下技术要求：

①大树移植时，要标明树木主要观赏面和树木的阴、阳面。

②必须按树木胸径的6～8倍掘土球或方形土台装箱。

③吊装和运输大树过程中，应将树冠捆拢，并固定树干，防止损伤树皮，不得损坏土球。

④大树移植卸车时，应将主要观赏面安排适当，土球（或箱）直接吊入种植穴内，拆除包装，分层填土夯实。

⑤大树移植后，必须设立支架，防止树身摇动。

⑥栽植完毕后，立即浇定根水，根据土壤墒情浇第二、第三次水，第三次浇水完后及时进行封堰，高温季节移植大树时，需进行叶面喷水，起增湿降温作用。

（6）攀缘植物移栽

攀缘植物移栽，应遵照本条（3）中①、②、③款要求办理。并按以下要求进行栽植：

①栽植之前将爬山虎保留10～20cm，其余部分剪除。

②栽植时应注意踩实。浇水后及时覆土、压实，防止水将根冲出。

8）灌水、中耕、封堰

栽植后当天之内，必须及时浇上第一遍水。第二遍水要在第二天连续进行，第三遍水在二遍水后进行。

（1）秋季植树，如开工较晚可少浇一遍水，但第一遍水灌水量要足，具体要求见表9-10。

第一遍水灌水量要求 表9-10

乔木及常绿树胸径（cm）	灌木高度（m）	绿篱高度（m）	树堰格（内径）	浇水量（kg）
	1.2～1.5	1.0～1.2	60	50
	1.5～1.8	1.2～1.5	70	75

续上表

乔木及常绿树胸径(cm)	灌木高度(m)	绿篱高度(m)	树堰格(内径)	浇水量(kg)
3~5	1.8~2.0	1.5~2.0	80	100
5~7	2.0~2.5		90	200
7~10			110	250

(2)春雨季植树,浇完第三遍水待水渗下后,应及时进行中耕扶直或封堰。

(3)秋冬季栽植浇完最后一遍水应及时封堰,并由树干周围堆成30cm高的土堆,以保持土壤中的水分,防止风吹树干影响成活,中耕封堰时应将土填实将树木扶直。

9)植物管理

(1)种植前和种植后,应进行修剪,以保持各植物的自然状态。修剪工作应由有经验的人员,按照正常的园艺惯例进行,将有病的、损坏的或枯萎的及不平衡细枝和枝杈去掉。

(2)在对植物生长有妨害的种植区,承包人应设置标志、或立支柱牵索、或设临时篱笆等警告、防护措施,以保护植物的成活及正常生长。

(3)种植区内应保持整洁,不得堆放杂物或用作临时场地。

(4)为保证植物正常生长,应及时浇水、施肥、培土、防治病虫害等常规养护。

(5)缺陷责任期为一年。

9.5.3 验收标准,见本章附件2。

9.5.4 计量与支付

1)计量

(1)人工种植由监理工程师按成活数验收,乔木、灌木及人工种植攀缘植物均以棵计量。铺草皮按实际铺设区域以m^2计量。

(2)需要铺设的表土、种植坑内换土、种植用水、设置水池储水,均作为承包人种植植物的附属工作,不另予计量。

2)支付

按上述规定计量,经监理工程师验收并列入了工程量清单的以下支付细目的工程量,其每一计量单位将以合同单价支付。此项支付包括材料、劳力、设备、运输和养护、管理等及其他为完成绿化工程所必需的费用,是对完成工程的全部偿付。

种植成活后,经监理工程师同意,依据合同分期支付;终期质量检验合格后,经监理工程师同意,支付剩余余款。

9.6 喷播施工质量检查事项

公路边坡植物防护,常用的绿化方法有:普通喷播法、客土喷播法、植生混合喷播法,分别适于不同的边坡条件。

9.6.1 喷播技术

对于高速公路大面积边坡绿化,在满足工程质量的条件下,为提高绿化作业效率,常采用普通喷播技术。

普通喷播技术又称湿式喷播法,即按比例要求把种子、肥料、覆盖料、土壤稳定剂等与水充分混合均匀后,用高压喷枪均匀地喷射到土壤表面上,在土壤表面形成一层膜状结构,能有效地防止种子被冲刷,并保证在较短时间内植被迅速覆盖地面,以达到稳固公路边坡和绿化美化路容之目的。

普通喷播与传统种植方法相比,具有以下优点:

(1)由于使用覆盖料、土壤稳定剂和专用肥料等材料,喷播方式适用范围广,不仅可在土质好的地带使用,而且还适用于贫瘠土质地带,如道路边坡和回填土地带,但不适用石质地带。

(2)对边坡平整度无严格要求,特别适合不平整土地的植被建植。

(3)在覆盖料和土壤稳定剂的共同作用下,能有效防止雨水冲刷,避免种子流失。因此,建植的植被均匀整齐,防护和绿化效果显著。

(4)喷播施工效率高,每台设备每天喷播万余平方米,可满足大面积绿化工程需要。

(5)通过加接软管,可在高、陡边坡上施工作业。

9.6.2 普通喷播施工和技术要求

1)播种季节

由于植物生长受降雨和温度影响,一般要求在雨季完成喷播作业,但最好是在雨季结束前1个月完成。既满足暖季草本和灌木萌发对高温和高湿的要求,又能使植物在进入冬季前达到一定生长量,以抵御冬春季节的干旱,保证第二年有较高的成活率。在非正常季节施工时,需要增加保水措施,如浇水、增加种子用量、覆盖草帘等。

2)坡面处理

播种苗床的准备是提高植物成苗率的因素之一。为植物的生根定植、生长和发育提供条件,要求在上边坡土壤硬度较大(非坚硬岩石)或坡面太光滑时,应挖成水平沟,水平沟间距一般为5cm,沟深5cm;对于局部硬度较大地区,需要进行局部挖水平沟处理。而对坡面极为不平整或有废渣的区域,建议进行表面清理、平整。

3)喷播材料要求

(1)植物种子材料

种子质量鉴定:在喷播之前,按正常施工季节条件下,测定出批量种子发芽率,并据此计算出实测面积所需种子用量。否则,将会影响喷播的直接效果,造成不必要的损失。

(2)灌木种子处理

由于灌木种子皮较厚,依据种子各自的特性需要用温水浸泡和催芽处理,以保证灌木的正常出苗。但注意嫩芽不宜过长,否则在喷播搅拌时,出现幼芽受伤,影响灌木成苗率。

(3)专用复合肥:针对边坡肥力差,分别对草本植物和木本植物,设计专用复合肥(表9-11),以促进植物生长。

专用复合肥配比　　表 9-11

用　　途	配比	N	P_2o_5	K	用量
木本植物群落	A	9%	25%	9%	60g/m^2
草本植物群落	B	9%	13%	9%	50g/m^2

(3)覆盖料:为了防止施工后种子裸露和流失,选用吸水性强、保水性好的植物纤维作为覆盖料,用量为 120 ~ 180g/m^2。

(4)侵蚀防止剂:为了防止坡面侵蚀和种子流失,用量为 15 ~ 25g/m^2。

(5)根瘤菌剂:采用根瘤菌剂对白三叶、红三叶等豆科植物种子进行接种处理,以提高发芽率和存活率。用量为三叶草种子用量 10%。

(6)着色剂:为了指示喷播均匀程度,可选用绿色着色剂。

此外,对于实施改良性喷播的施工,则在普通喷播前 15 天喷施一次土壤侵蚀剂,以促使土壤快速风化。

9.6.3　施工技术要求

(1)为加快种子发芽,需要在喷播机内搅拌 20min。

(2)避免在暴雨气候下喷播;若发生种子损失严重情况,应实施补播。

(3)喷播施工后及时覆盖无纺布,以免雨水冲刷,造成喷播材料流失。

9.6.4　喷播植被养护管理

由于边坡土质条件太差,后期植被的养护管理是建植优良植被的重要条件,也是维持植物群落持久性的基本保证。因此,注意以下事项:

(1)在喷播实施 2 个月左右,最好进行一次施肥,肥料营养要求全面;建议施肥量,尿素为 5 ~ 10g/m^2,复合肥(10:10:10)约 10 ~ 20g/m^2。

(2)对于成坪坡面植被的养护,要求每年在春季 4 ~ 5 月和秋季 9 ~ 10 月实施两次施肥。建议施肥量:

春季尿素10g/m^2,复合肥(10∶10∶5)20g/m^2;

秋季施肥可适当加大磷钾肥用量,建议复合肥施肥量(10∶10∶10)30g/m^2。但实际施肥量,需要根据植被生长情况和生长季节灵活掌握。

9.6.5　验收标准,见附件1。

9.6.6　计量与支付

(1)不论播种或栽植的草皮,均按验收完成的m^{2}计算。覆盖率>95%。

(2)不对具体的材料、工序等进行支付,以单价及核准面积进行支付。其支付细目见表9-12。

普通喷播植草支付细目　　表9-12

编　号	项目名称	单　位
	植草	m^2

9.7　客土喷播质量检查

对于路堑岩石边坡,如果采用植物防护,由于缺乏植物生长的立地条件,需将其他适宜植物生长的土壤或拌有植物种子一起喷播在岩石边坡上,给植物生产创造立地条件。

9.7.1　施工工艺

为保证喷播的客土,粘附在岩石边坡上,一般须对岩坂面先行进行清理和处理,甚至打设锚杆(又称土丁)并铺设钢丝网,或采取其他措施,以防止客土滑落。所以客土喷播法施工工艺,一般如图9-1所示。

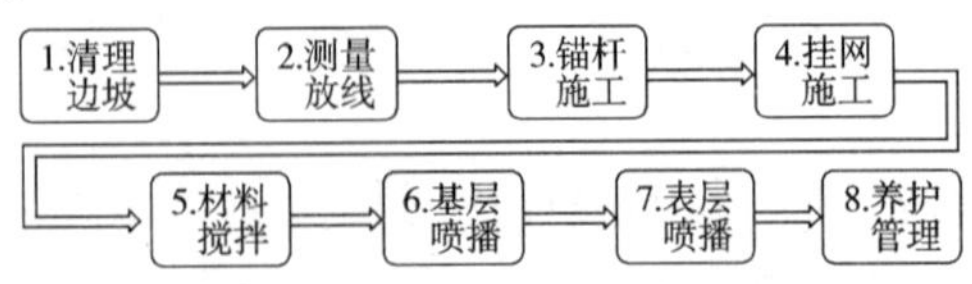

图9-1　客土喷播法施工工艺图示

1)清理边坡

在喷播客土之前,需尽可能将坡面平整,并清理掉坡面碎石、松散层，以利于客土喷播施工，同时增加坡面绿化效果。

（1）合格坡面

经过整平的岩石坡面凹凸度，平均应为±10cm，最大不超过±30cm。

（2）绿化坡面整形

对于光滑岩面，须挖掘横沟，打设锚杆，修筑框格梁，或加垫麻布卷等措施进行加糙处理，以免客土下滑。深度大于50cm的锚杆，还需用砂浆固定，又称为砂浆锚杆。

2）测量放线

（1）锚杆间距及深度

主次锚杆纵横间距，视坡比不同而不同，其间距、规格、打设深度，详见表9-12A和表9-12B。

主锚杆规格及其间距　　表9-12A

序号	坡比	锚杆直径（mm）	布置间距（m）		锚杆深度（m）		
			纵向	横向	强风化岩	中风化岩	弱风化岩
1	1:1.25	12或16	4.0	2.0	0.6~1.0	0.4~0.6	0.4~0.5
2	1:1.00	12或16	2.0	2.0	1.0~1.5	0.4~0.6	0.4~0.5
3	1:0.75	16	2.0	2.0	1.0~1.5	0.4~0.8	0.4~0.6
4	1:0.5	16或22	2.0	2.0	2.0	1.5	1.0

次锚杆规格及其间距　　表9-12B

序号	坡比	锚杆直径（mm）	布置间距（m）		锚杆深度（m）		
			纵向	横向	强风化岩	中风化岩	弱风化岩
1	1:1.25	12或16	4.0	2.0	0.3~0.6	0.2~0.4	0.2~0.4
2	1:1.00	12或16	2.0	2.0	0.3~0.8	0.2~0.6	0.2~0.4
3	1:0.75	16	2.0	2.0	0.3~0.8	0.3~0.6	0.2~0.5
4	1:0.5	16或22	2.0	2.0	1.5	1.0	1.0

(2)锚杆放线

使用水平仪及卷尺,首先按纵横间距 2m 放点,确定主锚杆钻孔位置,再在相邻的主锚杆之间中点上插补次要锚杆,如图 9-2 所示。

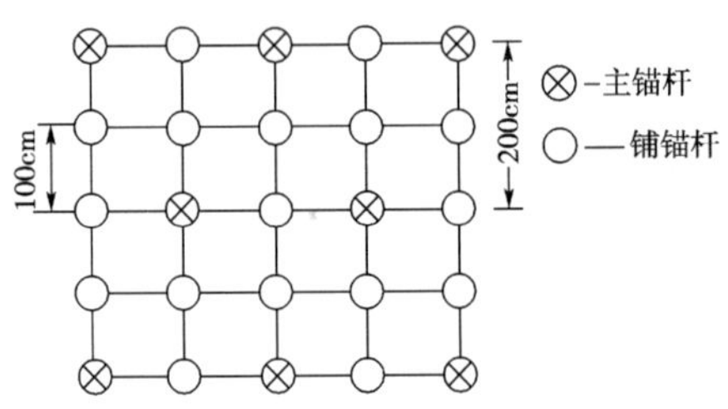

图 9-2 锚杆布设图示

3)锚杆施工

依据岩石硬度,可使用电钻钻孔,然后直接打入锚杆。其作用是加固岩石表层,防止边坡表层发生局部崩塌,同时,还有效地固定用作客土喷播基础的镀锌网或钢丝网。

4)挂网施工

(1)钢丝网规格及性能

钢丝网基本材料:镀锌低碳钢丝,菱形结构,其基本尺寸:丝径 ¢2.2mm,网格边边长 $L=50$mm。包装规格:宽 2m × 长 10m。

(2)挂网施工方法

①放卷:自上而下。

②连接:相临两卷镀锌网分别用 ¢2.0mm 铁丝连接。

③固定:至少每隔 1m 间距,须用锚杆或锚钉与岩面固定。

5)客土材料及搅拌

(1)主要客土材料

①岩石边坡绿化料,有机成分含量大于 80%;N、P、K 含量大于 5%;pH 值为 4.5 ~6.0。其主要用于改善土壤,促进植物生长,加速岩面风化。

②特制绿化剂,主要由保水剂(100 倍以上)、高分子凝结剂等组成。

③长效复合绿化专用肥

采用本地生产的富含 N、P、K 及微量元素的肥料调配而成:N: P: K =9: 25: 9。为保证木本群落的生长,含 P 量要高,含 N 不宜太高。

④混合草灌种子,主要草种狗牙根、白三叶、高羊茅等,主要选用灌木有紫穗槐、火棘、侧柏、女贞、胡枝子等。

⑤当地土料,尽量使用当地肥土或熟土。

(2)客土配合比(表 9-13)

客土材料配合比　　表 9-13

岩面类型	岩石绿化料	当地土料	岩面类型	岩石绿化料	当地土料	岩面类型	岩石绿化料	当地土料
强风化	1.0	2.0	中风化	1.0	1.0	弱风化	1.5	1.0

9.8 喷混植生法

将拌和有草种、水泥、土壤稳定剂及保水剂、植生土、复和肥、腐质肥,加水按一定配合比拌和均匀,通过喷射机喷涂在岩石边坡坡面上,使草和植物发芽生长,实现对边坡植物防护的目的。

对于岩石边坡,一般应打设或钻孔安装锚杆,铺设铁丝网,以防治植生土滑落。

9.8.1 材料

(1)水:用于喷混植生的水,应不含油、碱、盐和其他任何有害植物生长的物质。在使用前 14 天,承包人应提供水样和检验证明,请监理工程师批准。

(2)草种:为保证灌木群落的生长,草籽播量不宜太高,根据当地的气候地质条件,选用适合当地条件的草种。

主要选用的草种:狗牙根、黑麦草、白三叶、高羊茅等;主要选用的灌木:紫穗槐、火棘、侧柏、女贞、胡枝子等。

(3)水泥:应优先选用符合国家标准的普通硅酸盐水泥,水泥等级不得低于42.5级;当有防腐剂或特殊要求时,经监理人批准,可采用特种水泥。

(4)土壤稳定剂及保水剂:专用稳定剂或水泥和木质纤维,保水剂保水100倍以上。

(5)植生土:选用当地无杂质的种植土。种植土的生物分解及母质风化强烈,富含有机质。土壤呈弱酸性到中性。在此基础上,改良调配后使用。

(6)复和肥:采用本地生产的富含N、P、K及微量元素的肥料,自行调配而成N∶P∶K=9∶25∶9,以保证木本群落的生长,含P量要高,含N量要低。

(7)腐质肥:专用腐质肥。

(8)机编双扭结六边形铁丝网:机编双扭结镀锌铁丝网,网目尺寸8cm×12cm,镀锌网直径2.2mm,抗拉强度不低于380MPa。

(9)锚杆规格

①岩石边坡:长0.8m、直径18mm,选用二级螺纹钢。

②土质边坡:长1m、直径18mm。

(10)无防布:单位面积质量不小于12g/m^2。

9.8.2　配合比

喷混植生配合比,应通过现场实验选定,并应符合施工图纸要求,在保证喷层性能指标的前提下,尽量减少水泥和水的用量。

保水剂的掺量,应通过现场实验确定;喷混植生应满足施工图纸和现场喷射工艺的要求。配合比的实验成果应报送工程师。

配合比要求:

土∶锯末∶水泥∶复合肥∶有机肥=6∶1∶1∶0.5∶1.5。

以上配比适用硬岩石边坡;风化岩石边坡在此基础上对水泥用量比应做适当的调整。

9.8.3 配料拌和及运输

1)搅拌

(1)有机肥搅拌时间,应遵守下列规定:

采用容量小于350升的强制式搅拌机搅拌时,搅拌时间不得少于1min;采用自落式搅拌机搅拌时间,不得少于2min;混合料掺有外加剂时,搅拌时间应适当延长。

(2)主料混合搅拌用人工拌和,每盘拌和次数不能少于2次,当有外加剂时拌和次数应适当增加。

2)运输

拌和成符合技术要求的混合料,在运输、存放过程中,应严防雨淋、滴水及大块石等杂物混入。

9.8.4 喷混植生的准备工作

(1)应在喷射之前,承包人对喷射坡面要进行检查,并作好以下准备工作,清除开挖面的浮石、坡脚处的石渣和堆积物;处理好光滑岩面及倒坡,安设工作平台;埋设控制喷混植生厚度的标志;作业区应具有良好的通风和充足的照明设施。

(2)喷射作业前,承包人应对施工机械设备、风、水管路和电线等进行全面检查和试运行。

(3)当边坡上溅落过柴油和其他有害物质时,对受影响的范围内都应进行必要的清理。

9.8.5 条形植生带

植生带直径6~8cm;根据坡面的具体情况,植生带间距一般应符合下列规定:

(1)边坡坡度大于60°时,植生带间距不应大于60cm。

(2)边坡坡度小于60°时,植生带间距不应大于100cm。

9.8.6 锚杆、排水孔与挂网

1)锚杆

锚杆材料应按施工图纸的要求,选用Ⅱ级螺纹钢筋,入土深度

0.8m,水泥砂浆等级必须满足施工图纸的要求,注浆锚杆水泥砂浆的强度等级不应低于20MPa。

(1)应按施工图纸布置锚杆孔位置,并按2m×2m间距布设成梅花形,其孔位偏差应不大于50cm。

(2)锚杆孔的孔轴方向,应满足施工图纸要求。施工图纸未作规定时,其系统锚杆的孔轴方向应垂直于开挖面;局部加固锚杆的孔轴方向,应与可能滑动面的倾斜方向相反,其与滑动面的交角应大于45°。

(3)注浆锚杆的钻孔孔径,应该大于锚杆直径;若采用"先注浆后安装锚杆"的程序施工时,钻头直径应大于锚杆直径15mm以上;若采用"先安装锚杆后注浆"的程序施工,钻头直径应大于锚杆直径25mm以上。

(4)锚杆孔深度必须达到施工图纸有规定,孔深偏差值不大于50mm。

2)锚杆注浆

(1)锚杆注浆的水泥砂浆配合比,应在以下规定的范围内通过实验选定:

水泥:砂=11:12(质量比)

水泥:水=10.38:10.45

(2)先注浆支护锚杆,应在钻空内注满浆后立即插杆;后注浆的支护锚杆,应在锚杆安装后立即进行注浆。

(3)锚杆注浆后,在砂浆凝固前,不得敲击、碰撞和拉拔锚杆。

3)铺设机编铁丝网

承包人应按照施工图纸的要求和监理人的指示,在指定的部位在进行喷射之前布设铁丝网。

铁丝网采用机编镀锌铁丝网,丝线直径2.2mm,网目尺寸8cm×12cm、宽幅2.0m、抗拉强度380MPa,铁丝保护层厚度1mm。坡面整坡后将机编双扭结的铁丝网拉紧,网与网之间连接牢固,平铺于坡面，然后以辅助锚钉固定。

4）坡面排水孔

根据坡面的渗水情况，安设排水孔，其直径为40mm、孔深度50cm。

9.8.7　喷植

（1）喷混植生作业应分段分片依次进行，喷射顺序自上而下，喷射厚度为8～12cm；分层喷射时，后一层应紧随前一层进行。

（2）喷射机作业应严格执行喷射机操作规程，应连续向喷射机供料，保持喷射机工作风压稳定；完成或应故中断喷射作业时，应将喷射机和输料管内的积料清洗干净。

（3）喷混植生的回弹率，不应大于15%。

9.8.8　养护

在喷混植生喷射施工完成后，承包人应对其进行有效地养护植草的坡面，直至养护期终止。

养护工作内容：通过浇水、追肥、补种与病虫害的防治等工作，使植物始终处于健康的生长状态。

养护工作也包括使喷射的坡面无杂物和垃圾，并保持坡面平顺，整洁且富有观赏力。

当周围的空气湿度达到或超过85%时，经同意可准予自然养护。

9.8.9　验收标准，见附件3

附件1 乔灌木、藤本及花栽植验收标准

1)种植材料、种植土和肥料等,均应在种植前由施工人员按其规格、质量分批进行验收。并报监理工程师备案。

2)绿化工程验收可分为初步验收和交工验收

(1)初步验收时间

初步验收时间分为:在植物生长季节种植的,宜于施工完成3个月后进行;在植物休眠期间种植的,宜于施工完成6个月后进行。

(2)交工验收时间

交工验收的时间宜在种植施工完成后1年进行。

(3)施工单位应在验收前提交报告,主要包括初步验收结果,设计变更文件,竣工图和工程决算,外地购进苗木检验报告,施工总结报告等。

3)初步验收主要包括以下内容:

(1)工程量验收,应按绿化设计要求,对绿化里程、绿化面积、各种植物的数量和质量进行验收。其中定点、放线应在挖种植坑、槽前进行;种植坑、槽的质量规定以及换土或施肥量等应在种植前验收。

(2)绿化施工的质量验收,应按照绿化设计要求,对绿化工程整齐、美观,绿化种植适宜,植物生长良好。

(3)发芽率的验收指标应符合附表1-1的要求。

4)交工验收主要包括以下内容:

(1)初步验收指标

(2)成活率指标,具体指标应符合附表1-2的要求。

发芽率验收指标　　附表1-1

植物类别	发芽率(%)			
	不合格	合格	良好	优
乔、灌木	<85	85~90	90~95	>95
地被植物(草地除外)	<85	≥85	≥90	≥95

成活率指标要求　　附表1-2

绿化区域	干湿度	高速公路		一至四级公路	
		合格	优良	合格	优良
一般绿化区域	湿润地区%	95	98	90	95

(3)根据交工报告,采取全检或抽样方法,进行验收。抽样的数量应占各项量化数据总数的5%以上,均匀布点。

5)交工验收后,填报交工验收单,绿化工程交工验收单应符合附表1-3的规定。

绿化工程交工验收单　　附表1-3

工程名称			工程地址		
绿地面积(m^2)					
开工日期		交工日期		验收日期	
树木(含灌木)成活率(%)					
藤本成活率(%)					
花卉成活率(%)					
草坪覆盖率(%)	草坪验收参见草坪验收标准				
整洁及平整					
整形修剪					
全部工程质量评定及结论					
验收意见					
施工单位		建设单位	绿化质检部门		
签字: 公章:		签字: 公章:	签字: 公章:		

附件 2　草种撒播、普通喷播、铺草皮验收标准

1）初期质量检验

检测时间在播种后 75 天内进行，检测对象以单个坡面为检测验收单位，只有在附表 2-1 中三项指标同时达到规定值时为优良，下述各项指标中如果有两项达到规定值为合格（检测值达到规定值要求），否则为不合格，不能进行验收。

初期质量检验方法和验收标准　　附表 2-1

序号	检查项目	规定值	检 测 方 法	说明
1	总盖度	极小值大于 70%，平均值大于 85%	随机选取 $1m^2$ 的样地，目测草坪草覆盖地面面积与总面积之百分比，即为样地盖度；取样样地面积不少于总面积的 1/2000，求出各样地盖度的平均值即为总盖度	保证防护效果
2	均匀度	80% 以上	设立 20cm × 20m 的检测框，在被测坡面上随机取样，取样面积不少于总面积的 1/3000，目测出各样地的盖度，求出盖度在 85% 以上的样地占总样地数的百分比，即为均匀度	保证均匀美观
3	总密度	8000 株/m^2 以上	按第二项方式取样，在第二项数据调查后，求出各样地中所有草种的总株数和样地面积，求出总密度为每 m^2 着生株数	保证群落基本密度

2）工程缺陷责任终止时质量检验

工程缺陷责任终止时检测时间，在工程缺陷责任终止前 30 天内进行。检测对象以单个坡面为检测验收单位：只有在附表 2-2 中三项指标同时达到规定值为优良，下述各项指标中如果有两项达到规定值时为合格（检测值达到规定值要求），否则为不合理，不能进行验收。未成活的予以补栽成活。

工程缺陷责任终止时质量检验方法和标准　　附表2-2

序号	检查项目	规定值	检测方法	说明
1	总盖度	平均值 >95%	随机选取 $1m^2$ 样地，目测草坪草覆盖地面面积与总面积之百分比，即为样地盖度，取样样地面积不少于总面积的1/2000，求出各样地盖度的平均值即为总盖度	保证防护效果
2	均匀度	100%以上	设立20cm×20cm的检测框，在被测坡面上随机取样，取样面积不少于总面积的1/3000，目测出各样地的盖度，求出盖度在85%以上的样地占总样地数的百分比，即为均匀度	保证均匀美观
3	总密度	6000 株/m^2 以上	按第二项方式取样，在第二项数据调查后，求出各样地中所有草种的总株数和样地面积，求出总密度为每平方米着生株数	保证群落基本密度

附件3 客土喷播及喷混植生验收标准

根据国内外绿化经验，结合我国实际情况，建议将以下几个要素作为客土喷播及植生喷混绿化的验收标准。

1）材料检验和验收

根据材料规格及性能要求，检查使用材料的品牌、尺寸、规格和型号是否相符。

2）锚杆和挂网检查和验收

检查锚杆深度、间距是否符合设计要求，挂网连接是否牢固。

3）厚度检查和验收

检查喷播厚度是否达到最小厚度，表面是否均匀，其标准如附表3-1所示。

喷播最小厚度 附表3-1

岩面类型	最小客土厚度（cm）	
	客土喷播	喷混植生
强风化岩面	5+1	6+2
中风化岩面	7+1	8+2
弱风化岩面	9+1	10+2

4）植被质量检查方法和验收标准

以木本群落为目标，其质量检查方法和验收标准如下：

（1）绿化完成3个月时，坡面绿化覆盖率达到30~50%；

（2）在绿化施工完成3个月时，灌木密度达10株/m^2以上，草密度小于500株/m^2。

（3）交工验收时坡面绿化覆盖率达到100%，形成木本植物群落；

（4）每年植物绿期在9个月以上，观赏度好；以草本群落为目标，其验收标准参见草种撒播、普通喷播、满铺草皮验收标准。

参考文献

[1] 城市绿化工程施工及验收规范(CJJ/T 82—99). 北京:中国建筑工业出版社,1999.

[2] 中国公路学会《交通工程手册编委会》. 交通工程手册. 北京:人民交通出版社,1998.

[3] 公路工程国内招标范本(2003 年版). 北京:人民交通出版社,2003.

[4] 王珏主编. 生态公路探索与实践. 北京:人民交通出版社,2007.

[5] 河南省交通厅公路管理局. 文明师范路创建技术指南. 北京:人民交通出版社,2008.

[6] 薛明,姚洪林主编. 盐孜土地区公路养护与环境技术. 北京:人民交通出版社,2006.

[7] 张东生,徐静琦,王震. 环境工程. 北京:人民交通出版社,1998.

图书在版编目(CIP)数据

公路绿化与施工质量管理/周洪文等编著. —北京:人民交通出版社,2008.9

ISBN 978-7-114-07410-3

I. 公… II. 周… III. ①公路-绿化-基本知识②公路-绿化-工程质量-技术监督-基本知识 IV. U418.9

中国版本图书馆 CIP 数据核字(2008)第 146814 号

书　　名: 公路绿化与施工质量管理
著 作 者: 周洪文　余正武　周本涛
责任编辑: 刘永芬
出版发行: 人民交通出版社
地　　址: (100011)北京市朝阳区安定门外外馆斜街3号
网　　址: http://www.ccpress.com.cn
销售电话: (010)59757969,59757973
总 经 销: 北京中交盛世书刊有限公司
经　　销: 各地新华书店
印　　刷: 北京交通印务实业公司
开　　本: 880×1230　1/32
印　　张: 4.625
字　　数: 122千
版　　次: 2008年9月　第1版
印　　次: 2009年3月　第2次印刷
书　　号: ISBN 978-7-114-07410-3
印　　数: 2001~4000册
定　　价: 20.00元